FISCHEN DAS WASSER ERKLÄREN –

Mahamudra Lehren für die heutige Zeit

Zwei Vorträge und ein Interview

Lama Shenpen Hookham

FSC
www.fsc.org
MIX
Papier aus ver-
antwortungsvollen
Quellen
Paper from
responsible sources
FSC® C105338

Lama Shenpen Hookham
Fischen das Wasser erklären –
Mahamudra Lehren für die heutige Zeit
Zwei Vorträge und ein Interview

Aus dem Englischen übersetzt von Agnes Pollner.

*Bibliografische Information der Deutschen Nationalbibliothek:
Die Deutsche Nationalbibliothek verzeichnet
diese Publikation in der Deutschen Nationalbibliografie;
detaillierte bibliografische Daten sind im Internet
über dnb.dnb.de abrufbar.*

© 2022 Herz der Dinge e.V., für die deutsche Ausgabe
© 2011 Lama Shenpen Hookham
Erstveröffentlichung: edition tara libre 2011;
Reihe Texte. Band Fünf. T5 + Band Sechs. T6

Herstellung und Verlag: BoD – Books on Demand, Norderstedt

Umschlaggestaltung: Karin Leyk, Köln
Satz: Angelika Kudella, Köln

ISBN 978-3-7562-0880-7

INHALT

Hinweis zum Text

Zum Wohle der Leserinnen wird in dieser Fassung häufig die grammatikalisch weibliche Form bzw. das große »I« in Pluralform verwendet.

Hinweise und Anmerkungen von Sylvia Wetzel sind in eckige Klammern gesetzt.

Mögen alle Fehler in diesem Buch keine Eindrücke im Geist der geschätzten Leserinnen und Leser hinterlassen.

VORWORT VON SYLVIA WETZEL

Im Oktober 1993 begegnete ich Lama Shenpen zum ersten Mal im Sharpham Institut for Buddhist Studies im englischen Devon. Stephen Batchelor hatte eine Handvoll westlicher buddhistischer Lehrerinnen und Lehrer zu einer kleinen Tagung über Dharma im Westen eingeladen, an dem auch der kürzlich verstorbene Zen-Lehrer John Crook und Ajahn Sumedho teilnahmen. Ich mochte Shenpens feinsinnige und kluge Art auf Anhieb. Meine Hinweise auf patriarchale Strukturen im Buddhismus – ich war wie so oft in den 1990er Jahren als feministische Lehrerin eingeladen – fanden bei Shenpen allerdings kaum Resonanz. Das fand ich schade. Drei Jahre später sahen wir uns wieder auf der ersten europäischen Konferenz buddhistischer Lehrender auf Schloß Wachendorf, damals noch Sitz des Kamalashila Instituts. Zu diesem Treffen hatte die EBU eingeladen (European Buddhist Union), der Dachverband der buddhistischen Vereine und Gemeinschaften in Europa. Und zwar auf Vorschlag der DBU, des deutschen Dachverbandes, denn wir hatten 1994 und 1996 bereits zwei Treffen der deutschsprachigen Lehrenden – aus Deutschland, Österreich und der Schweiz – durchgeführt und fanden das äußerst wertvoll. Inspiriert dazu hatte uns die Erste Konferenz Westlicher Buddhistischer Lehrender in Dharmasala 1993.

Ein paar Wochen vor der Europäischen Tagung 1996 wurde mir die Teilnehmerliste zugeschickt, und darauf standen zwei

Namen von Frauen (mein Name und der einer italienischen Pali-Gelehrten) und knapp dreißig von buddhistischen Lehrern. Ich rief sofort Shenpen an und bat sie, teilzunehmen, damit wir wenigstens zu dritt die Perspektive der Frauen vertreten könnten. Sie kam, und wir genossen den Austausch. Zur selben Zeit empfahl mir auch Lama Yeshe Udo Regel seine wunderbare Lehrerin Shenpen, die er immer wieder zu Kursen ins Kamalashila-Institut einlud. Als Lama Shenpen dann Ende der 1990er Jahre ein Wochenende in Berlin zum Mandala-Prinzip hielt, bot ich ihr an, ihren Kurs zu übersetzen und ihr zu helfen, Vorträge und Kurse in Deutschland zu halten. Aber es war wohl noch nicht die rechte Zeit dafür.

Ich freute mich daher sehr, als Lama Shenpen zustimmte, im Herbst 2009 in Berlin eine Seminar für die Tara-Libre-Sangha durchzuführen, und zwar zum Thema Zuflucht und Buddha-Natur, auf der Grundlage der wunderbaren Zufluchtsverse aus dem Ratnagotravibhaga. 2010 folgte dann das zweite Seminar zum Thema Beziehung zwischen Lehrerin und Schülerin, auf der Basis des Canki-Sutta, und 2011 das dritte Seminar zum Thema Formlose Meditation und zum Mandala-Prinzip.

Ich freue mich sehr, dass Agnes Pollner es durch ihre sorgfältige Übersetzung von drei Vorträgen möglich gemacht hat, dass wir Lama Shenpens Lehren auch auf Deutsch genießen können.

Mögen alle armen Seelen, die ihr wahres Wesen noch nicht kennen, es entdecken und aus der Fülle des Seins leben und zum Wohle aller Wesen wirken.

Jütchendorf, Allerseelen und Tara-Tag im November 2011,
Sylvia Wetzel

VORWORT VON AGNES POLLNER

»Heutzutage bist du entweder eine Wissenschaftlerin, die von einer Sprache in die andere übersetzt, oder eine Übende, die bei einer Lehrerin in Ausbildung ist.« schreibt Trungpa Rinpoche im Vorwort zur Lebensgeschichte von Marpa, seines Zeichens Übersetzer und Gründervater der Kagyu-Schule des tibetischen Buddhismus. Marpa wanderte im 11. Jahrhundert drei Mal von Tibet nach Indien, um dort die buddhistischen Lehren zu studieren, das Knowhow und die dazugehörigen Texte zurück in seine Heimat zu bringen. Trungpa Rinpoche. fährt fort: »Im Westen vertreten viele Wissenschaftler die Ansicht, dass man nur entweder das eine sein kann oder das andere, beides zusammen geht nicht. Bist du eine Übende, dann verlierst du den ›objektiven‹ Standpunkt, bist du eine Wissenschaftlerin, dann verlierst du den Zauber des Herzens. Das Leben von Marpa aber ist eine einzigartige Geschichte darüber, wie Übersetzen und Übung zusammenkommen. Die Tibeter haben immer beides getan, übersetzt und praktiziert. In ihrer Kultur geht man davon aus, dass es gar nicht möglich ist, richtig zu übersetzen, wenn man nicht auch übt.«

Lama Shenpen führt diese Tradition fort, sie ist, wie Marpa, Praktizierende und Übersetzerin zugleich. Als sie als junge Frau die tibetischen Lamas im indischen Exil aufsuchte, konnte niemand mehr als ein paar Worte Englisch. Es gab keine andere Möglichkeit, sich zu verständigen und mehr über Buddhismus zu erfahren, als selbst Tibetisch zu lernen. Einer der ersten Texte, die der 16. Karmapa Lama Shenpen zu dieser Zeit als Übersetzungsprojekt auftrug, war das große Wunschgebet des Samantabhadra. Seither hat sie viele Texte und Vorträge tibetischer Lamas übersetzt.

Doch für eine neugierige Übende und sprachgewandte Forscherin wie Lama Shenpen kann sich das Übersetzen nicht darauf beschränken, die beste Wiedergabemöglichkeit eines traditionellen Textes zu finden. Zurückgekehrt in den Westen lag es Lama Shenpen besonders am Herzen, die überlieferten Belehrungen, die in die tibetische Kultur eingebettet sind, Menschen der westlichen Welt leichter zugänglich zu machen. Ein Ausdruck davon ist ihre Doktorarbeit, mit dem Titel *The Buddha Within (Der Buddha in uns)*. Hier erläutert sie den bis dahin im Westen wenig bekannten ›positiven‹ Strang der buddhistischen Lehren. Der erste Beitrag in diesem Buch – »Beziehungen: Ich und Andere und das Mandala-Prinzip« – handelt unter anderem davon.

Als sie Rigdzin Shikpo (Michael Hookham), ihren späteren Mann kennen lernte, begegneten sich auch zwei fähige westliche Praktizierende mit einem gemeinsamen Interesse. Beide suchten Wege, das Dharma so zu vermitteln, dass es westliche Menschen intellektuell und emotional in ihrer Kultur erreicht. Aus dieser Suche entstand die erste Version der Kursbücher *Discovering the Heart of Buddhism* und *Trusting the Heart of Buddhism*, die Lama Shenpen später für die Awakened Heart Sangha weiter entwickelte.

Ich habe Lama Shenpen 1998 bei einem Vortrag über das Mandala-Prinzip in Köln zum ersten Mal gesehen. Wie eine wundersame Sternschnuppe fiel sie mir vor die Füße. Nach Deutschland war sie schon vorher einige Jahre lang zusammen mit Rigdzin Shikpo gekommen, um für den kleinen, aber feinen, deutschen Ableger der gemeinsamen englischen Longchen Foundation Kurse zu geben. Damals kannten hier nur sehr wenige Leute Lama Shenpen. Zu ihrem Vortrag in Köln hatte sich nur eine Handvoll Interessierter verirrt. Mich hat das, was sie sagte und wie sie es sagte, tief berührt. Ich habe gestaunt. So wie sie über das Dharma redete, hatte ich es bis dahin noch nie gehört.

2003 bezog Lama Shenpen ›The Hermitage‹, ihr Haus und Seminarzentrum in Nordwales und hielt im Herbst desselben Jahres dort einen Monatskurs. Endlich bot sich die Gelegenheit für mich, dem Geheimnis dieser Art des Lehrens weiter auf die Spur kommen. Seit dieser Zeit sind ihre Lehren, sie selbst und die Gemeinschaft ihrer Schülerschar, die Awakened Heart Sangha, ein zweites buddhistisches Zuhause geworden, neben meiner Verbindung zu Sylvia Wetzel und dem TaraLibre Netzwerk.

Was ich an Lama Shenpen so schätze und bewundere, ist die Fähigkeit, traditionelle Belehrungen geduldig immer wieder zu befragen und abzuklopfen, ihre Neugier und Freude an kniffligen Fragen, bei denen das Nachdenken und Erforschen viel wichtiger ist, als die Lösung, ihre bedingungslose Hingabe an die Praxis der formlosen Meditation und das Ergründen der Natur des Geistes. In ihrem Beitrag über »Spirituelle Autorität. Eine buddhistische Perspektive« – dem dritten in diesem Buch – kann man ihrem Wissen über die buddhistische Tradition und ihrer Lust am Hinterfragen und Aufspüren von tieferen Zusammenhängen folgen.

2007 erschien ihr Buch *There is more to death than dying* (dt. *Beim Sterben geht es um mehr als den Tod,* Theseus Verlag). Wisdom Books, die ihr Buch u. a. vertrieben, führten daraufhin ein Interview mit ihr, das sie auf ihrer Website veröffentlichten. Eine der ersten Fragen an Lama Shenpen ist, was denn der besondere Ansatz ihrer Lehren, des Mahamudra, sei. Ihre Antwort: »Fischen das Wasser erklären«. Dieses Interview ist der zweite Beitrag in diesem Buch.

Lama Shenpen ist »very british«, wie ich finde, und das betrifft auch den sehr spezifischen Sinn für Humor, der auf dieser Insel gepflegt wird. Eine weitere, für mich sehr britische, Besonderheit sind die »Pilgrimages« zu den uralten walisischen Kultplätzen, oft Programmpunkt am Ende eines Kurses mit Lama Shenpen in der Hermitage. Sie sind beliebt und auch berüchtigt, denn sie finden bei jedem Wetter statt und in Wales ist es ein außergewöhnlicher Glücksfall, wenn es nur jeden zweiten Tag regnet. Das Girl-Scout-Training ist in der reifen Lehrerin noch sehr lebendig und anscheinend durchaus hilfreich für eine buddhistische Lebensweise in der weiten Wildnis Wales und auch sonst.

Nach einem Kurs mit ihr in Berlin, fuhren Shenpen und ich gemeinsam zum Flughafen Tegel. Mein Flugzeug nach München ging eine Stunde früher als ihres, und ich war wohl etwas zu offensichtlich besorgt, ob sie sich auch ohne mich in der Fremde zurechtfinden würde. Als ich sie zum Abschied umarmte, strahlte sie mich an und sagte: »Weißt du, ich kann auch bei strömendem Regen ein Feuer anmachen.« Und das stimmt, auch im übertragenen Sinn. Auch im strömenden Regen meiner Verwirrung gelingt es ihr immer wieder ein leuchtendes Feuer der Klarheit zu entzünden.

Köln, Ende August 2011
Agnes Pollner

14

1

BEZIEHUNGEN: ICH UND ANDERE
UND DAS MANDALA-PRINZIP

Diesen Vortrag hielt Lama Shenpen bei der Konferenz »Frauen und Buddhismus«, die im April 2000 in Köln stattfand.
Ein Film über den Kongress kann u. a. hier erworben werden:
http://www.frauen-und-buddhismus.de/

Das Shrimaladevi-Sutra überliefert uns die große Lehrrede, die die Königin Shrimala in der Gegenwart des Buddha hält. Als sie geendet hat, so berichtet das Sutra, bezeugt der Buddha ihre Worte als tiefgründig und wahr und preist Shrimala für ihre Ausführungen. Der Text vermerkt, dass der Buddha Shrimalas Lehren anschließend seinen Mönchen weitergibt.

Für mich ist die Königin Shrimala das perfekte Vorbild. Nirgendwo im Sutra drückt sich Erstaunen darüber aus, dass sie als Frau fähig ist, solch tiefe Wahrheiten zu verstehen. Ihr Frausein wird überhaupt nicht zur Sprache gebracht, nicht einmal ihre Schönheit wird erwähnt, was zu den üblicherweise aufgezählten Standardeigenschaften berühmter Frauen in buddhistischen Legenden gehört. Das Shrimaladevi-Sutra rückt ihre Intelligenz ins Rampenlicht. Am Anfang unterhalten sich Shrimalas Eltern über die außerordentliche Intelligenz ihrer

Tochter. Sie glauben, dass ihre Tochter die Lehren des Buddha vollständig verstehen könnte und wollen sie darauf aufmerksam machen, dass es den Buddha in der Welt gibt.

Das Sutra wurde im dritten Jahrhundert nach Christus verfasst. Zu dieser Zeit förderten Frauen in der Andhra Region Indiens, wo das Sutra entstand, den Buddhismus maßgeblich. Heutzutage ist es immer noch mehr oder weniger unbekannt, dass die Lehren, die Shrimala im gleichnamigen Sutra verkündet, zum größten Teil mit den Hauptpunkten eines anderen richtungweisenden buddhistischen Textes, des Ratnagotravibhaga[1], identisch sind. Dieser Text diente den Lehren des Mahamudra und Dzogchen in Tibet als Sutra-Quelle und damit als Zeugnis ihrer Verwurzelung in den Lehren des Buddha Shakyamuni. Ich finde es wichtig, darauf hin zu weisen und es auch in weiteren Kreisen bekannt zu machen, dass diese Sichtweise von einer Frau formuliert wurde, besonders wenn man bedenkt, wie männlich dominiert die Aufzeichnungen der Übertragungslinien auch in der tibetischen Tradition sind.

Shrimalas Lehren sind tiefgründig und schwer zu verstehen, so heißt es im Text. Im Fokus stehen, wie in anderen Mahayana-Sutras dieser Zeit auch, die Lehren über das ›Wahre Selbst‹. Für diejenigen unter Ihnen, die die allgemein verbreitete Auffassung teilen, der Buddha hätte gelehrt, es gäbe kein ›Ich‹, klingt das vielleicht ein bisschen überraschend. Die Annahme ist weit verbreitet, die Lehre über das ›Nicht-Ich‹ sei ein besonderes Kennzeichen des Buddhismus und gerade sie unterscheide den Buddhismus so deutlich von allen anderen

---

[1] Auch als Mahyanauttaratantrashastra bekannt. [Die englische Buchfassung mit tibetischem Wurzeltext und je zwei Übersetzungsvarianten für jeden Vers ist erhältlich bei www.manjughosha.de]

Formen der Religion. Ich möchte hier ganz besonders betonen, im Buddhismus ging es und geht es immer darum, das wahre Selbst zu entdecken. Es geht darum, zu entdecken, was wir in Wahrheit sind, jenseits von Zeit, Bedingtheit und Leid und darum, unsere falschen Vorstellungen loszulassen, die uns vorgaukeln, wir seien vergänglich, bedingt und könnten dem Leid nicht entkommen. Mir erscheint dieser Punkt wesentlich, um einer Tendenz entgegenzuwirken, die von buddhistischen Traditionen in Umlauf gebracht wurde, die sich hauptsächlich mit dem Schriftstudium befassen. Sie stellen den Buddhismus als eine Lehre dar, die in erster Linie Vergänglichkeit, Bedingtes und die Abwesenheit eines ›Ich‹ zum Thema hat[2]. So eine Sichtweise könnte, wenn wir über Frauen und Buddhismus nachdenken, zu folgender Meinung verleiten: Frauen verfügen über Eigenschaften, die auf der Ebene des bedingten Seins – oder der ›relativen Wirklichkeit‹, wie es im Westen oft genannt wird – wichtig und hilfreich sind. Also ist es für Frauen wahrscheinlich viel wichtiger, die ›relative Wirklichkeit‹ zu betonen, als das wahre Selbst zu entdecken. Das wahre Selbst nämlich ist etwas Nicht-Bedingtes, eine ›letztendliche Wirklichkeit‹.

Ich denke, es ist richtig, Eigenschaften wertzuschätzen, die wir in unserer Kultur als weiblich ansehen, wie z. B. Liebe, Mitgefühl und Beziehungsfähigkeit. Sie aber ›relativ‹ zu nennen, kommt der Aussage gefährlich nahe, diese Eigenschaften seien nicht Teil der letztendlichen Wirklichkeit.

---

[2] Die drei Lakshanas, die Daseinsmerkmale des bedingten Seins

Die Bezeichnung ›relativ‹ wird hier benutzt, um den Sanskrit-Begriff ›samvriti‹ wiederzugeben. ›Samvriti‹ steht in den Schriften immer im Gegensatz zu dem Begriff ›paramartha‹, was oft als ›letztendlich‹ übersetzt wird. Die genaue Bedeutung und Nutzung dieser Begriffe variiert in den verschiedenen Lehrsystemen des Buddhismus. Das im Detail zu vertiefen, würde jetzt zu weit führen. Für uns ist in diesem Zusammenhang von Bedeutung, dass ›samvriti‹ mit der Welt der Täuschung in Verbindung gebracht wird, die letztendlich unzuverlässig und unwahr ist. Wenn also eine Lehrerin über unser innerstes Wesen, Liebe und Mitgefühl, als ›samvriti‹, also ›relativ‹ spricht, läuft sie Gefahr, dahingehend missverstanden zu werden, dass diese Dinge letztendlich nicht existieren, unzuverlässig sind, eine Täuschung und unwahr. Aber glauben wir wirklich, dass wir selbst und andere, dass Liebe, Mitgefühl, Nähe und Beziehungen, nur ein Ausdruck von Konditionierung und Täuschung sind? Sagt der Buddhismus tatsächlich, dass unsere Verbindungen miteinander letztendlich bedeutungslos sind? Eine Erklärung wie diese ist für mich nicht zufriedenstellend. Sie lässt das außen vor, was mir am teuersten ist und meinem Leben Sinn verleiht. Keine authentische Schule des Buddhismus lehrt so eine Weltsicht, auch wenn es sich manchmal danach anhören mag.

Das Selbst, Andere und Beziehungen,
Liebe und Mitgefühl sind wirklich

Aus der Sicht des ›positiven‹ Strangs des Buddhismus, wie wir es nennen könnten, ist alles in der nicht-erleuchteten Welt eine Verzerrung der letztendlichen Wirklichkeit. Diese Wirklichkeit ist ehrfurchtgebietend und unfassbar. Unsere Tendenz, festzuhalten, verbirgt diese Wirklichkeit vor uns. Aus der Sichtweise dieses positiven Strangs können Liebe, Mitgefühl und Beziehungen für uns zwar wie ein Spiel unserer Täuschungen aussehen, tatsächlich aber sind sie von zeitloser, tiefer Bedeutung. So empfinden wir es auch in unseren Herzen. Den buddhistischen Weg zu gehen, bedeutet also nicht, Liebe und die Verbindung zu anderen hinter uns zu lassen. Ganz im Gegenteil, Liebe, Mitgefühl und Bezogenheit können aus verborgenen Tiefen in uns auftauchen und ihren wahren Glanz zeigen.

Der positive Strang des Buddhismus, von dem vorher die Rede war, ist einer der beiden Ansätze, mit denen der Buddhismus die Wirklichkeit beschreibt. Diese Ansätze unterscheiden sich deutlich voneinander. Beide können bis zu den Anfängen der buddhistischen Tradition zurückverfolgt werden und finden sich in allen buddhistischen Kulturen. Vielleicht haben sie ihren Ursprung in unterschiedlichen Neigungen des menschlichen Herzens und Geistes, die sich zeigen, wenn wir uns mit den Lehren auseinandersetzen.

Der zweite Strang, den wir ›negativen‹ Strang nennen können, betont die Unwirklichkeit und das Illusionäre unserer gewöhnlichen Erfahrungen. Das, was wir in der Welt erfahren, ist aus dieser Sicht ein Produkt unserer Täuschung. Der Ansatz hat zum Ziel, diese Täuschungen zu erkennen und aufzugeben. Im Kontext des ›negativen‹ Strangs bedeutet, die ›Wirklichkeit zu sehen‹, die Erkenntnis, dass die Welt der Manifestationen vergänglich ist, leidhaft, ›Nicht-Ich‹ und leer. Der negative Strang des Buddhismus erklärt, dass alles ein Produkt der Täuschung und des Festhaltens ist. Dennoch weist er auch darauf hin, dass wir Freude und ein Anwachsen von Mitgefühl und Liebe erfahren, wenn wir Täuschung und Festhalten aufgeben. Es wird aber keine Erklärung angeboten, warum das so ist.

In der tibetischen Tradition wird für diesen Ansatz der Begriff ›rangtong‹ angewandt, ›leer von sich selbst‹. Die Bezeichnung rangtong bezieht sich auf alle Lehren, die das wahre Vorhandensein der Phänomene zurückweisen, die wir normalerweise für wirklich halten. Der Eindruck der Wirklichkeit, den sie hervorrufen, hält der genauen Untersuchung letztlich nicht stand. Solche Belehrungen finden sich überall in der buddhistischen Tradition. Manche Schulen aber, besonders diejenigen, die Studium und Schriftgelehrtheit betonen, propagieren sie als die einzig gültigen Lehren über das Wesen der Wirklichkeit. Diese Schulen argumentieren heftig gegen den positiven Strang und lehnen ihn entschieden ab. Es ist aber durchaus möglich, den positiven Strang als eine Weiterführung des negativen Strangs zu verstehen.

Der positive Strang erklärt, Freude, Liebe und Mitgefühl im Kontext des Erwachens sind nichts anderes als die letztendliche Wirklichkeit. Hält man nicht länger am Unwirklichen als etwas Wirklichem fest, enthüllt sich diese Wirklichkeit. Dieser Ansatz stimmt also mit dem anderen darin überein, dass die manifeste Welt, so wie wir sie für gewöhnlich erfahren, von Täuschung eingefärbt und sogar aus der Täuschung heraus geschaffen ist. Der positive Strang geht aber noch darüber hinaus und sagt, dass die manifeste Welt, wie wir sie gewöhnlich erfahren, ihre Grundlage in einer Wirklichkeit jenseits von

Täuschung hat. Mit anderen Worten: Ich, Andere, Beziehungen und Mandalas sind letztlich wahr und wirklich, aber nicht auf die Weise, wie wir sie normalerweise für wirklich halten.

Die ›Wirklichkeit sehen‹ bedeutet in diesem Kontext: Es ist möglich, im Loslassen von der Täuschung die letztendliche Wirklichkeit zu sehen, so wie sie immer schon da war. Wir hatten sie bislang immer nur falsch wahrgenommen. Dieser Ansatz beschreibt den Weg als eine Suche nach der lebendigen, strukturierten, dynamischen und zutiefst emotionalen Wirklichkeit, die wir für gewöhnlich nicht so erkennen, wie sie ist. Wir glauben, unsere gewöhnliche Welt der Manifestationen sei bunt, lebendig und freudvoll. Sie ist aber nur ein fahles Abbild der Wirklichkeit, die es zu entdecken gilt. Liebe, Mitgefühl, Freude, Ich, Andere, und Beziehungen gehören zu dieser Wirklichkeit, zusammen mit der erwachten Version aller Aspekte unseres Lebens. Die Lehren, die zu diesem Strang gehören, benutzen dafür Begriffe wie ›Natur des Geistes‹, ›Buddha-Natur‹, ›Klares-Licht-Geist‹ und ›wahres Selbst‹.

Den positiven Strang gibt es in allen buddhistischen Traditionen, auch in den frühesten Schriften, den Pali-Suttas. Man bringt ihn aber vor allem mit den Mahayana-Lehren über Buddha-Natur[3] in Verbindung und mit Texten aus den Mahamudra- und Dzogchen-Traditionen. Der tibetische Buddhismus benutzt für diesen Ansatz den Begriff ›shentong‹, leer von anderem. Die verschiedenen Schulen definieren ›shentong‹ unterschiedlich, die wichtigsten Aussagen dieses Strangs aber sind immer deutlich erkennbar, besonders, was die praktische Bedeutung für die Übung und die Sichtweise betrifft. Wissenschaftliche Untersuchungen haben beide Stränge bis in die

---

[3] den Mahayana-Tathagathagarba-Sutras

frühesten Schichten der buddhistischen Schriftüberlieferung zurückverfolgt. Beide sind Teil der Haupttraditionen von Meditation und Erkenntnis im Buddhismus.

In den frühesten buddhistischen Schriften gibt es viele Hinweise darauf, dass es ein wahres Selbst gibt und einen von Natur aus reinen Geist, genauso, wie es auch viele Hinweise auf die bekannte Art, von ›Nicht-Ich‹ zu reden, gibt. In ähnlicher Weise finden sich beide Stränge in den Lehren der Mahayana-Sutras, den Vajrayana-Tantras und in den Lehren der Mahasiddhas[4]. Sie verkörpern diese Lehren, sei es in der Tradition der Waldasketen in Thailand oder als die großen Yogis und Yoginis der Kagyu- und Nyingma-Tradition des tibetischen Buddhismus.

Im Wesentlichen erklären und vertiefen beide Stränge auf ihre Weise die grundlegende Meditationsanweisung, das Festhalten aufzugeben und in der wahren Natur des Geistes zu ruhen. Der sogenannte negative Strang sagt uns viel darüber, was das Festhalten ist und wie loslassen geübt werden kann. Der positive sagt uns mehr darüber, was sich zeigt, wenn wir loslassen. In diesem Licht betrachtet ist es kein Zufall, dass beide Stränge im großen Reichtum der buddhistischen meditativen Praxis zu finden sind. Beide tragen Wertvolles zur Übung der Meditation bei. Meditieren wir mit Anleitungen, die ausschließlich den ersten Strang zur Grundlage haben, laufen wir Gefahr, die Wirklichkeit, die sich im Loslassen enthüllt,

---

[4] Indische Praktizierende des 10. und 11. Jahrhunderts, von denen berichtet wird, dass sie mitten im Leben erwachten, beim Besorgen des Haushalts oder beim Riechen einer Blume. Die Mahasiddha-Tradition betont die Direktheit der Erfahrung, die Beziehung zur Lehrerin bzw. zum Lehrer und die Möglichkeit, in jedem Moment und in jeder Lebenslage erwachen zu können.

nur als eine weitere Illusion zu behandeln, die es auch loszulassen gilt. Das wäre so, als wollte man am Vorgang des Los-
lassens festhalten. Meditieren wir aber ausschließlich mit An-
weisungen aus dem zweiten Strang, dann droht die Gefahr,
das Festhalten nicht zu erkennen und es darum auch nicht
loszulassen. Wir halten dann unsere verwirrten Versionen
von Liebe, Weisheit usw. für wahr und wirklich. Der Kern der
buddhistischen Meditation schließt beide Richtungen ein, sie
korrigieren unterschiedliche Fehler.

Die buddhistische Tradition enthält also beide Vorstellungen, die des Nicht-Ich und die des wahren Selbst. Beide Aus-
drucksformen sind in unterschiedlichen Zusammenhängen
nützlich. Probleme mit der einen oder anderen Ausdruckswei-
se entstehen immer dadurch, dass sich unsere Tendenz, festzuhalten einmischt. Versucht man die Vorstellung von einem
wahren Selbst zu fassen und denkt dann, man hätte es verstanden, wird es sich zwangsläufig um ein Missverständnis handeln. Man kann aber andererseits die Vorstellung eines wahren Selbst einsetzen, um die richtige Haltung für die Übung zu
entwickeln. In diesem Fall greift man nach dem Konzept eines wahren Selbst nicht, um es als etwas zu fixieren, was man
verstanden hat. Vielmehr lässt man sich davon auf der Suche
nach Wahrheit und Wirklichkeit leiten. Dasselbe gilt für die
Vorstellung von ›Nicht-Ich‹. Man kann sie so in der Übung einsetzen, dass eine echte Erfahrung der lebendigen Wirklichkeit
möglich wird. Nicht die Ideen sind letztlich wichtig, sondern
wie wir sie auf die Wirklichkeit verweisen lassen, ohne an ihnen festzuhängen.

Das Mandala-Prinzip als eine Möglichkeit, über Personen und Beziehungen zu sprechen

Rigdzin Shikpo und ich haben einen speziellen Ansatz des Mandala-Prinzips, den ich hier zu Grunde lege, entwickelt. Unsere Herangehensweise verdeutlicht Ideen, die die buddhistischen Lehren als bekannt voraussetzen, auf die man sich in den Lehren ständig bezieht, die aber sehr selten ausdrücklich benannt werden. Die Texte der Dzogchen-Tradition kamen bisher einer deutlichen Darlegung am nächsten, z. B. in den Schriften des Longchen Rabjam. Wenn wir in dieser Weise über das Mandala-Prinzip sprechen, gehört das zur Sichtweise des positiven Strangs der buddhistischen Lehren. Die Idee des Mandala und seiner Aspekte ermöglicht, in einer ganz bestimmten Begrifflichkeit über Strukturen zu sprechen, die Teil der erwachten Perspektive sind. Diese Strukturen nehmen wir als unerwachte Wesen verzerrt wahr und halten sie für unsere begrenzte gewöhnliche Welt. Es ist wichtig, dass es bei der Idee des Mandala-Prinzips nicht um großartige Theorien geht. Es soll dabei unterstützen, das Bewusstsein dafür zu entwickeln, was unsere unmittelbare Erfahrung ist. Sich für diesen Zweck mit komplexen Visualisierungen und Details zu beschäftigen, kann in eine Sackgasse führen. Es füttert den spekulativen Geist und führt damit weg von der direkten Erfahrung.

Der Begriff ›Mandala‹ ist eigentlich ein ganz alltägliches Sanskrit-Wort. Damit ist eine Struktur gemeint, die eine Mitte und einen Rand hat. Jede Kugel oder jeder Kreis ist ein Mandala, ebenso auch im übertragenen Sinn, z. B. unser Freundeskreis. Der Körper ist ein Mandala. Es zentriert sich um Herz und Geist und dehnt sich von dort in die Welt um uns aus. Man kann alle Aspekte unserer Welt als Mandala verstehen, geografische, soziale, geschichtliche oder psychologische. Wir leben in Mandalas, die wiederum Teil größerer Mandalas sind. So gesehen ist jede von uns das Zentrum ihrer eigenen Welt oder ihres persönlichen Mandalas. Auf der Ebene des Geistes können Gedanken und Gefühle jeden Moment neue Welten oder Mandalas aus unseren Erinnerungen, Assoziationen und Emotionen erschaffen, in die wir im Handumdrehen eintreten oder sie ebenso schnell auch wieder verlassen. Jedes dieser Mandalas ist eine strukturierte Wirklichkeit, die im tiefsten Sinn unfassbar ist. Es erscheint im Raum unseres Gewahrseins, und sein spezifisches Gefühl für innen und außen begleitet es. Die Frage, was innerhalb und was außerhalb eines bestimmten Mandalas ist, ist für unsere Wahrnehmung immer gefühlsmäßig aufgeladen.

Mandalas sind, so könnte man sagen, Aspekte des Gewahrseins. Gewahrsein, das sich in sich selbst bewegt und in diesem Bewegen Strukturen erschafft, sich mit ihnen beschäftigt und sie dann wieder sein lässt. Wie kann sich etwas in sich selbst bewegen? Kann man so etwas überhaupt sagen? Wahrscheinlich wissen alle aus praktischer Erfahrung mit dem eigenen Bewusstsein, wovon ich spreche. Es wäre aber ziemlich schwierig, objektiv hieb- und stichfest zu erklären, was es ist. Ist denn der Raum, in dem sich das Gewahrsein bewegt, identisch mit der Bewegung, die in ihm geschieht? Man kann solchen Fragen nicht mit Logik beikommen. Und doch verstehen wir auf irgendeine Weise, wovon die Rede ist, weil wir die direkte Erfahrung mit unserem Gewahrsein als gemeinsame Grundlage haben. Diese Erfahrung ist sehr einfach und elementar. Gleichzeitig ist sie unfassbar. Darauf verweist auch die Aussage, unser persönliches Mandala sei auf der tiefsten, subtilsten und gleichzeitig einfachsten Ebene wirklich. Die

Welt, unser Körper, Rede und Geist, unser Herz, alle Beziehungen und Verbindungen sind Ausdruck einer lebendigen Wirklichkeit, die so weit, leuchtend und überwältigend ist, dass wir aus Ehrfurcht oder Angst ohnmächtig würden, sollte sie sich uns plötzlich in all ihrer Herrlichkeit zeigen. Denn im unerleuchteten Zustand erleben wir nur eine verzerrte Version davon, und wir haben uns an diese verhangene Version gewöhnt.

Diese Wirklichkeit oder wahre Natur unseres Wesens bezeichnen die buddhistischen Lehren unter anderem als Buddha-Natur, Nirwana, Offenheit, Klarheit und Feinfühligkeit und als die drei Kayas des Buddha. Wahres Selbst ist ein anderer Begriff dafür.

Ich werde oft gefragt, ob wir etwas von unserer Individualität behalten, wenn wir erwacht sind, oder ob wir uns dann in eine formlose Masse auflösen. Den Lebensgeschichten erwachter Menschen aus der buddhistischen Tradition zufolge behält jede Person ihre Individualität. Man kann aber auch sagen, dass alle erleuchteten Wesen sich gegenseitig durchdringen und sich eine Erleuchtung in der Essenz nicht von einer anderen unterscheidet. Von dort aus gesehen kommen alle Erwachten von demselben Punkt jenseits von Zeit und Raum, aber jede und jeder auf je ganz einzigartige Weise. Oder anders ausgedrückt, jede und jeder hat ein persönliches Mandala, das sich um die erwachte Wirklichkeit in der Mitte anordnet. Aber jedes dieser Mandalas hat seine ihm eigene Struktur, Energie und seine ihm eigenen Verbindungen.

Wie schon erwähnt, formulieren traditionelle buddhistische Lehren das Konzept eines persönlichen Mandalas nicht ausdrücklich, indirekt aber geht man in buddhistischen Kulturen und Ländern von so einer Vorstellung aus. Als ich einmal einen Vortrag über das Mandala-Prinzip hielt, war ein

Tibeter unter den Zuhörern. Am Ende gratulierte er mir. Ich hätte endlich einmal den gesunden Menschenverstand zu Wort kommen lassen. Mit gesundem Menschenverstand meinte er, dass ich in diesem Vortrag besonders betont hatte, wie wichtig es ist, das persönliche Mandala von sich und anderen zu achten. Es muss stark sein im Sinne von gut zentriert und mit klaren Grenzen.

Das persönliche Mandala sollte sich um unseren tiefsten Herzenswunsch zentrieren. Dann können wir das Beste aus unseren Verbindungen und Möglichkeiten machen. Es sollte fähig sein, einen gesunden Energieaustausch mit anderen Mandalas, der Welt und ebenso in sich selbst aufrecht zu erhalten. Das heißt auch, alle Beziehungen als letztlich bedeutungsvoll zu behandeln. Unseren Verbindungen mit anderen können wir niemals entkommen, auch wenn wir sie noch so sehr leugnen. Mit der richtigen Einstellung aber können wir selbst negative Beziehungen für uns und die anderen bedeutsam werden lassen. So wird das persönliche Mandala wirkfähig und stabil.

Das persönliche Mandala kann erwacht sein oder auch nicht. Bei nicht erwachten Wesen hat das ›Ego-Mandala‹, das Mandala des festhaltenden Ichs, das persönliche Mandala besetzt oder verformt. Im Zentrum des ›Ego-Mandala‹ [oder das ›Mandala der Ich-Fixierung‹[5]] steht Nicht-Wissen, Avidya. Avidya

---

[5] [Der lateinische Begriff ›Ego‹ ist als Übersetzung des Freudschen Ich in die englische Fachsprache der Psychologie und später auch des Buddhismus eingedrungen. Es fördert Missverständnisse, wenn dieser Begriff dann als Ego ins Deutsche übernommen wird. Mit dem Begriff Ego ist in englischen buddhistischen Texten meist nicht das Freudsche Ich, sondern das ›fixierte Ich‹ gemeint, das der Buddha als Hindernis auf dem Weg des Erwachens beschreibt. Ich experimentiere z. Zt. mit den Begriffen ›Ich-Fixierung‹ oder ›fixiertes Ich‹. (Anm. v. S. Wetzel)]

weiß oder erkennt das wahre Wesen nicht. Dieses Nichterkennen der Wirklichkeit hat zur Folge, dass sich das Gewahrsein eine eigene Version davon aufbaut. Wie aber kann es überhaupt geschehen, dass sich das Gewahrsein vom wahren Wesen abwendet und es nicht erkennt? Wie es dazu kommt, dass das Gewahrsein so verdunkelt wird, ist eine geheimnisvolle Angelegenheit. Sehr schwer zu verstehen, nennt die Königin Shrimala diesen Vorgang in ihrem Sutra, von dem zu Beginn die Rede war.

Auf die Verdunkelung scheint eine Angstreaktion zu folgen. Das Gewahrsein erkennt das wahre Selbst nicht als sich selbst. Panik setzt ein, wenn es seiner eigenen Größe, der Unfassbarkeit, der schneidend scharfen Klarheit und der intensiven Feinfühligkeit begegnet. Das alles ist zu hell, zu offen, zu viel, zu überwältigend für Avidya, das Nicht-Erkennen. Avidya bewirkt Abstumpfen. Wir werden dumpf, beschränken uns, und die Dynamik des ›Ego-Mandala‹ setzt ein.

Das ›Ego-Mandala‹ ist bemüht, Grenzen zu errichten und zu verteidigen. Das geschieht aus Angst davor, den Kürzeren zu ziehen, Boden, Kraft, Annehmlichkeiten, Besitztümer oder Macht zu verlieren oder auch aus Angst vor Angriffen oder feindlicher Übernahme. Seine Strategien speisen sich aus diesen Ängsten, es agiert aggressiv, wichtigtuerisch, vereinnahmt oder wehrt ab.

Einige Beispiele dazu, wie das Mandala-Prinzip in der Praxis hilfreich sein kann

Einer der Bereiche, in denen das Mandala-Prinzip hilfreich sein kann, ist das Feld unserer Beziehungen. Um beispielsweise anderen gegenüber freundlich sein zu können, brauchen wir sichere persönliche Grenzen. Lassen wir andere zu weit in das Zentrum unseres Mandalas hinein, kann es sein, dass wir uns plötzlich in der Sackgasse befinden und eben gerade nicht freundlich reagieren können. Wie stellt man fest, ob jemand zu weit in die Mitte des persönlichen Mandalas vordringen konnte? Man merkt es, wenn man spürt, wie Selbstvertrauen und Entspanntheit schwinden.

Bodhisattvas sind vollkommen entspannt und selbstsicher. Das heißt aber nicht, dass sie ihre persönlichen Grenzen vernachlässigen, sondern es bedeutet vielmehr, dass sie sehr geschickt darin sind, angemessene Grenzen aufrechtzuerhalten, wenn es angebracht ist. Eine Bodhisattva kann andere direkt in das Innere des Herzensraums aufnehmen ohne unsicher zu werden oder sich im Mindesten zu verspannen. Dabei kann sie offen bleiben und spontan, auch wenn sie vollkommen in Beschlag genommen wird. Das ist möglich, weil in ihrem persönlichen Mandala dafür Raum ist und auch weiterhin ein gesunder Energieaustausch stattfinden kann. In einer anderen Situation würde eine Bodhisattva aber auch die Grenze an anderer Stelle setzen, je nach dem, was in dem Augenblick erforderlich ist. Wir üben, auch so sein zu können wie Bodhisattvas, müssen uns aber Schritt für Schritt dieser Offenheit annähern. Bodhisattvas lassen andere direkt in ihre Herzen hinein. Gewöhnliche Wesen wie wir jedoch, die erst noch erwachte Bodhisattvas werden wollen, müssen zwar einerseits lernen, flexibel zu sein, andererseits brauchen wir dringend klare Grenzen.

Die meisten von uns schlagen sich ständig mit dem Problem herum, ob wir andere in unsere persönlichen Mandalas hinein lassen sollen oder nicht. Wir machen uns auch Sorgen darüber, ob wir selbst zu den Mandalas anderer gehören oder außen vor bleiben. Die Frage, ob man Teil eines bestimmten Mandala ist oder nicht, drinnen oder draußen, ist immer mit aufgeregten Gefühlen verbunden. Vielleicht sind es Befürchtungen, Ängste oder Hoffnungen oder einfach nur die Aufregung, die mit der Situation verbunden ist, auf einer Grenze zu sitzen und nicht zu wissen, was los ist. Bin ich drinnen oder draußen? Ist das eine verpflichtende Partnerschaft oder nicht? Bist du meine Freundin oder nicht? Verstehst du mich oder verstehst du mich nicht, vertraue ich dir oder nicht, und so weiter. Das sind hochemotionale Grenzgebiete, in denen man sich befinden kann. Wir wollen die Spielregeln eines bestimmten Mandalas kennen, z. B. des Mandala der Freundschaft. Wir denken, wenn das eine Freundschaft sein soll, dann solltest du dich so oder so verhalten, das oder das tun. Solche Gedanken zeigen uns, dass es eine bestimmte Mandala-Struktur gibt, die wir aufrechterhalten wollen. Wir wollen wissen, ob die andere Person sich innerhalb der Struktur befindet oder nicht. Will sie sich an meine Regeln halten? Oder sollte ich meine Regeln ändern? Welche Regeln hat die andere Person überhaupt? Und möchte ich ihr Mandala mit seinen Spielregeln betreten oder nicht? Auf diese Weise entstehen gesellschaftliche Konventionen, und mit Konventionen zu brechen ist, wie wir alle wissen, immer eine recht emotionale Angelegenheit.

In der westlichen Welt gibt es eine Tendenz, Grenzen und Konventionen kleingeistig und nicht ganz angebracht zu finden.

Aber auch das kann wieder zur Konvention werden. Wenn jemand auf kleingeistige Weise mit anderen Buddhisten in Kontakt kommen will, dann steht diese Person im Widerspruch zu den Regeln einer Gruppe, die sich für geistig aufgeschlossen und jenseits aller Konventionen hält. Dieses Mandala grenzt dann diejenigen aus, die sich an Konventionen halten möchten und daher als kleingeistig angesehen werden. Sie stehen außerhalb der Grenzen dieses Mandala. Abgrenzung und Regeln sind zentrale Funktionen der Mandala-Struktur.

Für uns als Übende ist es wichtig, dass die Spielregeln, die wir aufstellen, in Einklang mit dem zentralen Prinzip unseres persönlichen Mandalas stehen. Das gilt auch für die Mandalas, die wir aufbauen, in die wir hineingehen und mit denen wir uns intensiv beschäftigen. Für Übende ist das Zentrum des persönlichen Mandala der tiefe Herzenswunsch zu erwachen. Auch unsere Sangha ist ein Mandala, und dieser Wunsch ist sein zentrales Prinzip. Wir setzen Regeln und Konventionen ein, die dieses Zentrum stärken. Sie helfen uns zu entscheiden, wo und wie wir unsere Grenzen ziehen. Angenommen, jemand ärgert uns und wir möchten diese Person zurückweisen. Wie können wir unterscheiden, ob sich unser ›Ego-Mandala‹ nur verteidigen will, oder ob unsere Weisheit eine angemessene Grenze zieht? Wir müssen in unser Herz schauen. Stärkt die Grenze, die wir ziehen wollen, unser persönliches Mandala in einer Weise, die Freiraum schafft? Einen Freiraum, der es ermöglicht, anderen offener und klarer zu begegnen? Oder ist die Grenze eine Strategie, sich zu verschließen, sich auszuklinken und gleichgültig zu werden? Übende müssen sich diese Fragen immer wieder stellen, um die richtige Geschicklichkeit und tieferes Verständnis zu entwickeln.

Frauen finden es anscheinend eher schwer, klare Grenzen

zu ziehen und sie aufrecht zuhalten. Ich für mein Teil habe oft das Gefühl, mit dem Rücken zur Wand zu stehen. Meist bin ich in einer Situation zu lange vage geblieben, um noch einigermaßen würdevoll und respektvoll anderen gegenüber aus der Sache herauszukommen. Das ist ein deutlicher Hinweis für mich, meine Fähigkeit zu verbessern, persönliche Grenzen klar anzeigen zu können. Männern scheint es meist leichter zu fallen, ihre Grenzen zu ziehen und sie zu schützen. Das hat sicherlich mit unserer gesellschaftlichen Konditionierung zu tun. Jungen müssen meist schon früh lernen, wie sie ihr Gebiet markieren und verteidigen. Mädchen trägt man das Erlernen sozialer Kompetenzen und Feinfühligkeit an. Jungen dagegen wird nahe gelegt, sich um Klarheit und starke persönliche Mandalas zu bemühen. Es gibt viel voneinander zu lernen.

Ich habe vorhin davon gesprochen, dass das persönliche Mandala auf letztendlicher Ebene wirklich ist. Es ist wichtig, das zu betonen, denn unser persönliches Mandala mit seiner spezifischen Struktur und Dynamik bildet die Grundlage dafür, anderen helfen zu können. Wäre es vergänglich, bedingt, leidhaft und Nicht-Ich, würden wir mit der Erleuchtung aufhören, Individuen zu sein. Wenn dem aber so wäre, wie könnten wir dann als Bodhisattvas, die nach Erleuchtung streben, endlos für das Wohl anderer da sein? Es wäre ein sinnloser Wunsch. Wenn jedoch auf irgendeine Weise unser ›Person-Sein‹ ein wesentlicher Bestandteil der Wirklichkeit ist – auch wenn wir es aus der Sicht des festhaltenden Ichs nie wirklich fassen oder besitzen können –, ist unser ganzes Potential schon hier und jetzt vorhanden und wartet nur darauf, erkannt zu werden. Wenn wir von allem, was vergänglich, bedingt und unwirklich ist, loslassen, fallen wir nicht in ein großes Loch

(auch wenn es sich in manchen Stadien auf dem Weg so an-
fühlen mag). Wir entdecken vielmehr eine lebendige Wirklichkeit. Aus ihrer Perspektive sehen die Anstrengungen des
›Ego-Mandala‹, sich zu behaupten und zu verteidigen, jäm-
merlich und sogar komisch aus. Die Kraft, unser wahres Wesen zu erkennen, Vidya, verdrängt schließlich das ›Ego-Mandala‹. Alle, die mit unserem persönlichen Mandala verbunden
sind und waren, profitieren direkt davon. Diejenigen mit der
stärksten Verbindung zu uns, im Guten oder Schlechten, werden am meisten Nutzen davontragen. Das bedeutet, dass jede
und jeder von uns eine einzigartige Rolle dabei spielt, den Wesen zu nützen. Unsere Individualität ist also ganz bestimmt
von Bedeutung.

Keine Beziehung muss eine verschenkte Gelegenheit sein.
Wenn wir das verstehen, können sich alle Verbindungen zu anderen ins Positive wandeln. Darum heißt es bei Shantideva[6],
alle Verbindungen, die eine Bodhisattva auf ihrem Weg ein-
geht, sollen für die anderen Glück und Befreiung bewirken,
ganz gleich, ob sie die Bodhisattva sogar verfluchen oder aus-
lachen. Eine Bodhisattva lebt mit diesem Wunsch. Sie weiß,
dass man Verbindungen mit anderen Wesen nicht abschütteln
kann und dass diese Verbindungen unzerstörbar sind. Sie sind
ein Baustein der Wirklichkeit. Bodhisattvas verwandeln alle
Verbindungen zu etwas Positivem und erfüllen sich damit ihren Herzenswunsch, alle Wesen zu befreien. Auch der Tod ist
kein Hindernis, anderen zu helfen, denn aus dieser Perspek-

---

[6] Shantideva, *Bodhicharyavatara, Der Weg des Bodhisattva*, 3. Kapitel.
  [Es gibt mehrere deutsche Fassungen, z. B. Diederichs Verlag 1984 (Übers.
  aus dem Sanskrit), O. W. Barth 2005 (Übersetzung aus dem Tibetischen)]

tive sind unsere Verbindungen zu anderen nichts Bedingtes und Vergängliches. Die Liebe und das Mitgefühl der Bodhisattvas dringen überall und immer zu den Herzen der Wesen vor. Darum können Bodhisattvas uns so nahe wie das eigene Herz sein, einfach nur, wenn wir an sie denken. Und darum sind ihre Mantras auch so wirksam.

Liebe entsteht nicht aus Avidya, sie ist ein natürlicher und wesentlicher Aspekt der letztendlichen Wirklichkeit. Man hört manchmal in buddhistischen Kreisen heutzutage, Liebe und Mitgefühl entstünden aus der Kontemplation der gegenseitigen Abhängigkeit der Wesen untereinander. Ich meine, das ist ein sehr kurzsichtiger Gedanke. Schaue ich mir die gegenseitige Abhängigkeit aller Dinge von meinem selbstsüchtigen Standpunkt aus an, dann liegt die Einschätzung natürlich nahe, dass anderen zu nützen auch mir nützen wird. Das würde ich aber nicht als Liebe und Mitgefühl definieren, sondern als Eigennutz. Liebe und Mitgefühl sind das aber gerade nicht, auch wenn wir sie natürlich oft mit Eigennutz und Berechnung vermischt erleben. Sie entstehen aber eigentlich spontan, in tiefer Wertschätzung anderer oder wenn das Leid anderer uns tief berührt und wir Wege suchen, um zu helfen. Oft auch entgegen aller Hoffnung und Vernunft.

Ich bin von der tiefgründigen Perspektive der Königin Shrimala ausgegangen, um Licht auf den positiven Strang des Buddhismus zu werfen, der Liebe und Mitgefühl ausdrücklich als wirklich benennt. Es ist mir klar, dass ich hier nur an der Oberfläche des Themenbereichs kratzen konnte. Ich hoffe aber, dass es mir gelungen ist, Interesse für diesen tiefgründigen Ansatz zu wecken. Mit meinen Schülerinnen und Schülern der Awakened Heart Sangha arbeite ich auf der Grundlage meiner Kursbücher *Discovering the Heart of Buddhism* und *Trusting the Heart of Buddhism*[7]. Dieses Training führt kontemplativ an die Prinzipien des Buddhismus heran. Man lernt dabei, die unmittelbare Erfahrung im Rahmen der Meditation wahrzunehmen und zu erforschen. Dann setzt man das eigene Erleben in Bezug zur Sprache und zu dem, was die Wortbedeutungen in uns auslösen. Der Kurs stützt sich ausgewogen auf die buddhistischen Lehren des positiven und negativen Strangs, so wie ich sie hier versucht habe darzustellen. Damit folgen wir der Königin Shrimala nach!

[7] *Das Herz des Buddhismus entdecken* und *Dem Herzen des Buddhismus vertrauen*. Beide sind auch als Fernkurse zu belegen. Informationen am besten über die Internetseite der Awakened Heart Sangha: https://ahs.org.uk

2

FISCHEN DAS WASSER ERKLÄREN

Ein Interview von Wisdom Books mit Lama Shenpen Hookham

WISDOM BOOKS: Sie sind als Lehrerin für Mahamudra bekannt. Was ist Mahamudra und was ist das Besondere an diesem Ansatz?

Es macht mich ein bisschen nervös, dass Sie mir so eine Frage stellen, sie kommt so unschuldig und einfach daher. Das ist, als würde jemand sagen: »Also, Sie lehren doch den Weg zum Erwachen, könnten Sie mir dann bitte sagen, was das ist? Und sind Sie eigentlich erwacht?« Wie kann ich so einen Ansatz lehren, wie kann ich mich als Lehrerin des Mahamudra ausgeben, wenn ich nicht erwacht bin und auch nicht weiß, was Mahamudra ist? Das ist eine wichtige Frage, nicht wahr? Ich kann nicht einfach darüber hinweggehen und mich vor so einer Frage drücken – obwohl ich es gerne täte.

Lassen Sie es mich also so sagen, in der Karma Kagyu Linie, zu der ich gehöre, nennt man die höchste Verwirklichung Mahamudra. Das ist das Ziel des Wegs. Es ist eine Bezeichnung für die Wirklichkeit, für Erwachen, für die Natur des Geistes oder für Chitta, das Herz. Aus Mahamudra besteht letztlich alles, was es gibt, das ganze Universum, alle Universen. Warum nennt man es Mahamudra? Warum gibt es diese besondere Bezeichnung dafür? Diese Bezeichnung rührt von der besonderen Art her, wie man sich auf diese Wirklichkeit bezieht, wie man damit umgeht und zwar schon jetzt, an einem Zeitpunkt, wo man noch nicht erleuchtet ist. Es ist eine bestimmte Art des Übens, die beinhaltet, dass man auch den Weg zum Erwachen auf eine besondere Art sieht. Man beginnt mit dieser besonderen Sicht auf die Dinge von Anfang an und das an sich ist schon ein Weg. Darum kann man auch sagen, wir ›üben‹ Mahamudra, obwohl es seltsam klingt.

Hier vermischen sich allerdings englische Begriffe mit Sanskrit. Auf Sanskrit wie auch im Tibetischen würde man das nicht wirklich ›üben‹ nennen. Es ist vielmehr eine Haltung. Man nimmt Mahamudra als Weg und geht dabei von einem ersten flüchtigen Eindruck aus, den man schon zu Beginn erfahren kann. Man sieht etwas aufblitzen und dann nutzt man diesen blitzartigen Eindruck als Steuerhilfe, um auf Kurs zu bleiben. Es ist ja nicht so, dass wir überhaupt keine Ahnung hätten, was das Wesen der letztendlichen Wirklichkeit ist. Wir werden ihr nicht irgendwann als etwas vollkommen Neuem und Unbekanntem begegnen. Das Wesen der Wirklichkeit gehört nicht einer bestimmten Elite, die davon weiß, und die anderen wissen es nicht. Es ist immer da, unfassbar, schon von Anfang an, direkt vor unserer Nase und schaut uns an. Und doch ist es schwer zu erkennen. Hat man es erkannt, besteht der Weg darin, sich immer daran zu erinnern und von dort aus zu leben.

Damit wir es als das erkennen können, was es ist, muss es uns gezeigt werden. Jemand muss uns darauf hinweisen. Haben wir es dann erkannt, geht es darum, wirklich verstehen zu können, was es bedeutet. Das klappt nicht immer. Manche sagen, tja, wer weiß schon so genau, warum das nicht klappt. Andere sagen, die Verdunkelungen müssen gereinigt und Punya (Verdienste) angesammelt werden, damit es klappt. Man könnte auch sagen, Hingabe und Segenskraft (Adhishtana) sind nötig, damit es klappen kann. Es muss die richtige Art von Verbindung zwischen LehrerIn und SchülerIn bestehen. Trotzdem bleiben hier viel mehr Fragen offen, als sich Antworten anbieten.

Es ist merkwürdig. Hier ist etwas, was für das Glück der Menschen so wichtig ist, und doch können Leute am richtigen Ort sein, die Lehren erhalten und scheinbar auch verstehen, aber irgendwie fällt der Groschen trotzdem nicht. Die Leute können nicht glauben, dass es so einfach ist, dass so eine einfache Erfahrung das Potential in sich birgt, uns das Geheimnis des Kosmos zu eröffnen. Dann haken sie es ab und suchen irgendwo anders weiter. Das ist traurig, aber es geschieht ziemlich oft.

Als Mahamudra-Lehrerin sehe ich meine Aufgabe also darin, die Menschen zu ermutigen, in das Wesen ihrer Erfahrung hinein zu schauen. In diesem Schauen können wir unser wahres Wesen erkennen, und das ist eigentlich Mahamudra, was sonst? Ich denke, ich habe zwei Hauptaufgaben. Erstens, den Leuten zu helfen, dranzubleiben, bis sie die Wirklichkeit des Mahamudra entdecken oder zumindest kurz damit in Berührung kommen. Das bedeutet, immer weiter Inspiration zu geben und zu motivieren. Wenn sie dann einen ersten Eindruck davon haben, dann ist meine zweite Aufgabe, zu vermitteln, wie wertvoll das ist, so dass die Menschen dabei bleiben, dass sie diese Einsicht immer weiter vertiefen und das zu ihrer Lebensaufgabe machen.

Glücklicherweise kann man diesen zwei Aufgaben nachkommen, ohne selbst eine besonders großartige Verwirklichung für sich in Anspruch nehmen zu müssen. Das wirklich Wichtige ist, dass ich mit der Linie der verwirklichten Lehrerinnen und Lehrer verbunden bin. Meine Lehrer machen mir Mut, weiter zu machen und zu versuchen, den Menschen auf diese Weise zu helfen. Also tue ich das, und ich habe das Gefühl, es kommt eine Menge zurück. Ich habe den Eindruck, dass es mir gelingt, Menschen ziemlich effektiv auf den Weg zum Erwachen zu setzen. Je mehr Leute es gibt, die sich darum bemühen, umso besser, oder nicht?

WISDOM BOOKS: Ganz bestimmt. Können Sie mehr darüber sagen, was diese »besondere Art, die Dinge anzuschauen« ist, die der Weg selbst ist, wie Sie sagen?

Hmm, … ich frage mich, was ich hier Hilfreiches sagen kann. Es ist verrückt, wir schauen auf etwas, was eigentlich ganz offen da liegt. Es ist vielleicht so, als ob man versuchen würde, einem Fisch das Wasser zu erklären. Wie erklärt man einem Fisch das Wasser? Der Fisch kennt ja nur Wasser. Er kennt das Wasser so gut, dass er es nicht von der Essenz der eigenen Erfahrung unterscheiden kann, also von dem, woraus seine Erfahrung zu bestehen scheint. Vielleicht ist es ein Fisch, der niemals wirklich zufrieden ist, der immer etwas anderes will, als das, was er hat, oder einer, der nur an einem ganz bestimmten Ort im Fluss bleiben will und sich ums Leben nicht woanders hinbewegen will. Das bedeutet, dieser Fisch kann nicht vertrauen, dass das Wasser, der Fluss, da ist und ihn trägt. Er hat vielleicht vom Fluss oder vom Wasser gehört und sehnt sich nach ihm, aber der Fisch kann nicht verstehen, dass er schon im Fluss, im Wasser, lebt und sich nur zu entspannen braucht. Er muss das Wasser nur tun lassen, was Wasser natürlicherweise tut. Natürlich hinkt dieses Beispiel, denn das Wasser ist nicht die wahre Natur des Fisches. Ich will auch nicht darauf hinaus, dass es darum geht, mit dem Fluss mit zu fließen, obwohl das im Alltag oft eine gute Idee ist.

Worum es mir hier geht, ist, dass wir uns auf den Weg machen, etwas zu entdecken, etwas erfahren zu können, was uns sehr nahe ist. Dieses Etwas ist so einfach, dass wir nicht glauben können, dass es das ist, was wir die ganze Zeit gesucht haben. Wenn wir solche Belehrungen hören, denken wir vielleicht, da ist nicht viel dran. Das ist eine Gefahr dabei. Vielleicht denken wir sogar, dass wir es schon verstanden haben. Das ist vielleicht die noch größere Gefahr. Intuitiv sagt es uns etwas, vielleicht berührt es uns sogar auf einer sehr tiefen Ebene. Das Problem dabei ist, dass dieses intuitive Verstehen allein noch nicht der Weg ist. Es ist zunächst eine blitzartige Einsicht, eine Ahnung, eine Inspiration. Aber was kommt dann? Noch haben wir nichts in der Hand. Es kann schwierig sein, es in Worte zu fassen, und doch ist genug da, um damit weiter zu gehen.

Wir merken, dass wir neugierig werden auf das, was wir da kurz berührt haben. Es beginnt, uns so weit zu interessieren, dass wir immer und immer wieder dahin zurückkehren möchten. Und das kann dann die Grundlage des Wegs werden. Es kann aber auch sein, das wir theoretisch gut Bescheid wissen, dass wir sogar eloquent darüber sprechen können und doch nicht den blassesten Schimmer haben, wie das unser Weg werden könnte. Wenn wir nicht gerade darüber sprechen, fühlen wir uns verloren und leer. Hat man in so einem Fall keine LehrerIn, die ermutigen kann und hilft, dabei zu bleiben, wird man sich von diesem Ansatz abwenden. Man sucht sich etwas Unterhaltsameres, etwas, was verspricht, konkretere Ergebnisse abzuwerfen. Dieser besondere Weg des Schauens erwächst eigentlich aus dem Üben. Man kann es nur selbst finden. Es ist dann noch mal eine ganz andere Frage, wie man es findet.

WISDOM BOOKS: Welche Methoden benutzen Mahamudra-LehrerInnen denn, um uns armen Fischen zu zeigen, dass wir vollständig von Wasser umgeben sind?

Ich könnte jetzt antworten, dass Mahamudra-Lehrende alle Dharma-Lehren benutzen, die dabei helfen können, zu diesem Punkt vorzudringen. Aber da würde ich mich vor der Antwort eigentlich drücken, oder? Und doch wäre es durchaus berechtigt, so zu antworten. Es gibt besondere Methoden im Mahamudra, aber, wenn sie nicht mit der richtigen Sicht auf die Wirklichkeit und dem richtigen Verständnis gepaart sind, helfen sie nicht weiter. Andererseits können Belehrungen, die nicht explizit Mahamudra-Lehren sind, sondern überall in buddhistischen Überlieferungen vorkommen, auf Mahamudra-Art gehört und verstanden werden. Wieder geht es hier um den Punkt, wie wir denn zu der Sicht auf die Wirklichkeit gelangen, um die es geht, zu dieser richtigen Art zu schauen.

Ich denke, man kann sagen, dass diese Art zu schauen synonym ist mit der rechten Sicht, mit der der edle achtfache Pfad beginnt. Man sieht die Wirklichkeit oder das Dharma zum ersten Mal. Es ist direkt vor der eigenen Nase und plötzlich erkennt man es. Das wird dann zur Grundlage des Wegs. Dieses Erkennen kann ein dramatischer Augenblick sein, auf der Grundlage von langem Training und mit Hilfe einer kompetenten Lehrerin vorbereitet. Ihr ist es gelungen, die Lernende lang genug in der Offenheit zu halten, so dass das Eigentliche sie erreichen konnte.

Manchmal wird um diese ›hinweisende Unterweisung‹ [pointing-out instruction], wie man sie auch nennt, ein großes Tamtam gemacht. Dieses ›hinweisende Unterweisen‹ geschieht aber oft im Training und auf ganz unterschiedlichen Ebenen. Es beginnt vielleicht mit einem kurzen, recht undramatischen Eindruck. Der Eindruck oder die Ahnung ist vielleicht noch recht schwach und braucht viel Hege und Pflege. Lange Zeit zeigt sich im Außen nicht besonders viel davon. Innerlich aber wächst die Gewissheit allmählich und stetig an, und schließlich beginnen sich die Aspekte des Erwachens auch im Außen zu manifestieren. Auf dem Weg dahin können sich weitere Augenblicke, die auf etwas hinweisen, ereignen. Plötzlich fällt der Groschen, und etwas zeigt sich so, wie man es bisher noch nicht sehen konnte. Wir haben bis dahin konsequent in die falsche Richtung geschaut, vielleicht auf den silbernen Schimmer der Wolken, die den Mond umgeben und nicht auf den Mond selbst. Das ist manchmal nicht leicht auseinander zu halten.

Eine Übende kann aber auch eine wirklich dramatische Satori-Erfahrung erleben. Das kann das Leben auf den Kopf stellen. Das Problem dabei ist, an so einer Erfahrung nicht festzuhalten. Es ist nicht leicht, die ursprüngliche Frische aufrecht zu erhalten, aus der so eine Erfahrung hervorkam. Manchmal braucht es Jahre, um sich nach so einem starken Erlebnis wieder zu erholen.

Ich möchte noch einmal auf die Frage zurückkommen, ›wie‹ wir denn das Wasser kennen lernen. Ich denke, es geht darum, die Geschicklichkeit und Kompetenz, die in uns angelegt ist, zu entdecken und zu lernen, damit herum zu spielen.

Nehmen wir z. B. die Mathematik. Jemand schlägt sich lange mit einem bestimmten mathematischen Problem herum. Sie zerbricht sich lange Zeit erfolglos den Kopf, bis zu dem Punkt, an dem der Verstand plötzlich aufgibt. Man muss das Problem loslassen. Es geht gar nicht anders. Man entspannt sich. Auf einmal, wie aus heiterem Himmel, ist eine Antwort da. Sie fühlt sich stimmig an, einfach und elegant. Man könnte auch sagen: Diese Antwort ist schön. Man weiß dann, diese Antwort muss richtig sein. Auch, wenn ich vielleicht nicht verstehe, wie ich dorthin gekommen bin. Und genauso ist es, wenn wir versuchen, Meditation zu verstehen.

WISDOM BOOKS: Das hört sich an wie ein gewisses Ringen um das Verstehen, ist das richtig?

Ich denke schon, obwohl es sich dabei nicht um eine intellektuelle Anstrengung handelt. Es ist mehr ein Entlangtasten bis zu einem bestimmten Punkt ... ungefähr so, als würde man versuchen, die Fingerspitze genau auf den Punkt zu legen, wo es juckt. Der Vergleich klingt möglicherweise etwas seltsam, aber er ist gar nicht so verrückt. Wenn es juckt, dann weiß man ja ganz genau, wo dieses Jucken ist und gleichzeitig auch wieder nicht ... und dann kratzt man und plötzlich – da – man hat den Punkt getroffen und man weiß: das ist es. Alles verändert sich mit einem Mal, körperlich und mental. Das ist ein ziemlich grobes und weltliches Bild für etwas so Vielschichtiges und Subtiles, aber eigentlich gar nicht so schlecht.

So etwas läuft also die ganze Zeit ab, nicht wahr? Und wir nähern uns vorsichtig einer Lösung an, einem Gespür für Stimmigkeit und dafür, was wahrhaftig ist. Wir wissen intuitiv, dass wir es erkennen werden, wenn wir es finden. Die

Verwirklichung von Mahamudra ist vielleicht so ein Vorgang auf der allerhöchsten Ebene.

Damit das zum Erfolg führt, müssen allerdings viele günstige Bedingungen zusammenkommen. Es gibt eine Reihe unterstützender Methoden und jede Menge Ratschläge und Hilfestellungen, um diese Bedingungen zusammen zu bringen und Hindernisse aufzulösen. Aber der eigentliche Vorgang ist schlussendlich so, wie ich es versucht habe, zu beschreiben. Eigentlich ganz einfach.

WISDOM BOOKS: Sie beschreiben Mahamudra als einen Weg des Entdeckens, der die erwachten Aspekte enthüllt, und nicht so sehr als eine Entwicklung, die Erwachen hervorbringt. Das beeinflusst gewiss ihren Meditationsansatz. Viele Buddhisten arbeiten damit, Gegenmittel gegen das zu kultivieren, was sie als Hindernisse ansehen. Sie arbeiten z. B. mit Liebe und Güte, um gegen Hassgefühle und Ablehnung vorzugehen. Vertreten Sie das auch, wenn es um unheilsame Geisteszustände geht, wie es der Buddhismus traditionell nennt, oder ist Ihr Ansatz da ein anderer?

Das hängt davon ab, ob wir von Mahamudra als solchem sprechen oder davon, die richtigen Bedingungen zusammenzubringen, so dass Mahamudra geschehen kann, wenn ›geschehen‹ hier das richtige Verb ist. Ich lehre beides.

Ich lehre Gegenmittel, um die richtigen Bedingungen zusammenzubringen. Aber auch diese lehre ich eher auf Mahamudra-Art, schon von Anfang an. Das ist in gewisser Weise im Geiste der Mahayana-Sutras, besonders im Geist der Prajnaparamita- und Tathagathagarbha-Sutras und des Avatamsaka-Sutra. Ich kenne mich mit den unterschiedlichen Kommentaren der Überlieferung ganz gut aus, und ich weiß, dass nicht alle Traditionen die Sutras auf diese Weise verstehen. Darum ist es sicherer für mich, wenn ich sage, dass ich im Geist von Mahamudra oder im Geist des Dzogchen lehre, soweit, wie ich das verstehe, natürlich.

In diesem Sinn haben Sie Recht. Ich lehre das Entdecken des eigenen wahren Wesens unmittelbar hier in unserer Erfahrung. Ich beginne damit, dass ich meine SchülerInnen ermutige, selbst dort nachzuforschen, wo sie ihr wahres Wesen erahnen. So kann es ihnen allmählich deutlich werden, dass sie selbst und andere weit mehr sind, als man normalerweise annehmen würde.

Ich lasse sie erforschen, wie sie eigentlich den Begriff ›Herz‹ gebrauchen und verstehen. Das bringt bei manchen Leuten erst einmal ziemliche Widerstände zum Vorschein. Und doch gibt es im Endeffekt niemanden, für die oder den die Formulierung ›von Herzen sprechen‹ nichts bedeuten würde. Das kann man sich anschauen. Wo kommt das denn her? Was bewegt mich, so etwas zu sagen oder auf so eine Formulierung zu reagieren? Das kann ein sehr guter Ausgangspunkt sein. Jede weiß eigentlich, ohne dass man darauf hinweisen müsste, dass es auf das Herz ankommt. Wenn man einmal innehält und anfängt darüber nachzudenken, wird schnell klar, dass es sich lohnt, das zu vertiefen.

Mich berührt das sehr. Es ist wahr, jeder Mensch hat ein Herz, und es ist immer mit den anderen Herzen wesensgleich. Es leidet auf die gleiche Weise, und es weiß auf die gleiche Weise. Da, an diesem Ort, fange ich an, nach dem Kern unseres Seins zu suchen, der da in uns nur darauf wartet, entdeckt zu werden. Ich nenne es allerdings meistens Gewahrsein. Ich spreche davon, das Wesen des Gewahrseins zu entdecken.

Denn das Wort ›Herz‹ wird, aus dem Zusammenhang gerissen, nicht notwendigerweise mit Begriffen wie Raumhaftigkeit oder Leerheit in Verbindung gebracht. Diese Aspekte schwingen zwar mit, wenn wir z.B. darüber sprechen, dass wir bestimmte Menschen in unser Herz aufnehmen oder im Herzen tragen. Aber im Allgemeinen verbinden wir den Begriff ›Herz‹ mehr mit Aspekten wie Wahrheit, Wärme, Kraft, Zuverlässigkeit und Vertrauen.

Ich beschäftige mich hier also damit, wie Sprache, Begriffe und Assoziationen auf etwas hinweisen und unser Denken und unsere Reaktionen prägen. Wenn wir uns dem Weg annähern, fällt es ins Gewicht, welche Worte wir wie gebrauchen. Ich verwende oft Worte wie Entdecken, Vertrauen und Zuversicht. Begriffe wie Fortschritt und Stufen benutze ich nicht. Trotzdem nutze ich das gesamte Inventar an Übungen, die der Buddhismus zu bieten hat, und auf die eine oder andere Weise handeln alle davon, Gegenmittel anzuwenden. Ich stelle sie aber aus der Sicht des Mahamudra vor.

Wenn es sich z.B. um etwas handelt, was Wut und Abwehr auflösen soll, dann schlage ich Übungen vor, die die Liebesfähigkeit und das Mitgefühl für sich selbst und andere fördern. Am Anfang fühlt es sich vielleicht mühsam und gekünstelt an, positive Gedanken einzusetzen, um negative zu überwinden. Gleichzeitig aber weise ich schon von Anfang an darauf hin, dass Gedanken Gedanken sind und Gefühle Gefühle. Es ist nicht nötig, sie zu verfestigen und dann mühsam mit Gegenmitteln beseitigen zu wollen. Wir können merken, dass Gedanken als Gedanken harmlos sind, einfach eine Bewegung des Gewahrseins in sich selbst. Sie sind Raum genauso wie das Gewahrsein, in dem sie auftauchen. Das gehört natürlich zur tiefen Einsichtsübung. Und doch können wir von Anfang an die Haltung einnehmen, dass es sich beim Weg zum Erwachen nicht notwendigerweise um einen Kampf des Guten gegen das Böse handelt. Wir können mit leichtem Herzen und Zuversicht beginnen. Das schließt Entschlossenheit und Verbindlichkeit nicht aus.

Ich lehre also einerseits, Gedanken und Gefühle als das zu erkennen, was sie sind, und das zu benutzen, um Wut und Abwehr loszulassen. Gleichzeitig lehre ich aber auch, dass Liebe und Glücklichsein zunehmen, wenn wir das tun. Und zwar ohne, dass wir diese Qualitäten zusätzlich kultivieren müssten. Liebe und Glücklichsein sind unzerstörbare Qualitäten der grundlegenden Feinfühligkeit, die zu unserem Sein gehört. Wird diese Feinfühligkeit nicht in Wut und Abwehr verzerrt, drückt sie sich ganz natürlich in Liebe und Freundlichkeit aus.

In diesem Sinne könnte man sogar sagen, dass die Verzerrung eigentlich eine Art fehlgeleiteten Mitgefühls ist. Wut und Abwehr zielen darauf, sich selbst Glück zu sichern. Und das ist grundsätzlich eine verzerrte, enge, schief gewickelte und extrem begrenzte Art nach Glück zu streben. Also kann man davon ausgehen, dass Liebe und Freude in dem Maße zunehmen, wie man verdrehtes und fehlgeleitetes Denken und Reagieren loslassen kann. Wenn man auf dem Kissen sitzt, sich in die Meditation hinein entspannt und Gedanken und Gefühle frei im Raum des Gewahrseins spielen, sollte also mehr Liebe und Freude da sein.

Oft geschieht es aber, dass jemand zwar formlos zu meditieren scheint, sich also in der Meditation nicht gedanklich auf etwas ausrichtet, aber trotzdem ändert sich nichts. Dieselben alten bitteren und wütenden Gedanken kommen daher, und Liebe und Freude machen sich rar. In so einem Fall kann es hilfreich sein, Übungen anzuwenden, die mehr Ausrichtung geben, z. B. die Entwicklung von Maitri, unbegrenzter Liebe oder von Karuna, Mitgefühl für alle Wesen, die Apramanas [Unermessliche Gedanken] oder Maitribhavana [Meditation über Freundlichkeit, Metta-Meditation] generell. Wenn man so übt, merkt man schnell, wo die eigenen Blockaden sitzen. Im Mandala unserer Person sind Haltungen oder Unterpersönlichkeiten versteckt, die geradezu nur darauf warten, abgerufen zu werden. Sie werden sichtbar, wenn wir uns direkt diesen Strukturen zuwenden und versuchen, sie zu ändern. Dadurch verlieren sie an Macht. Und doch kann diesem andauernden Kampf der guten gegen die schlechten Gedanken etwas Unechtes anhaften. Es fühlt sich gekünstelt an. Das bedeutet natürlich nicht, dass man es nicht üben soll. Aber diese Übungen haben eher die Funktion, den Acker umzugraben, damit die Erde fruchtbar wird und alles anfangen kann zu sprießen. Allmählich tauchen Liebe und Mitgefühl auf. Es ist schwer zu sagen, wie das eigentlich geschieht. Ihr Auftauchen hat schon etwas mit der Übung der Apramanas oder von Maitri zu tun, aber nicht in dem Sinn von simpler Ursache und Wirkung.

Liebe und Mitgefühl sind ja aus sich selbst heraus da und nicht abhängig von unseren Bemühungen. Wenn sie sich manifestieren, fühlt sich das vielleicht nicht so an, wie wir es uns vorgestellt haben. Liebe und Mitgefühl fühlen sich vielleicht gar nicht wie irgendetwas Besonderes an. Plötzlich fragt man sich, ob man überhaupt weiß, was Liebe und Mitgefühl sind.

Es sind die anderen, die diese Qualitäten bei jemandem spüren und sie in Handlungen und Reaktionen erkennen. Für die Person selbst ist es eher so, dass es leichter zu ertragen ist, einfach bei dem eigenen Schmerz und dem anderer zu bleiben. Es findet weniger Urteilen statt. Stattdessen ist Offenheit da und eine erhöhte Kapazität, sich berühren zu lassen. Das entspricht vielleicht nicht den Vorstellungen, die wir von Liebe und Mitgefühl im Allgemeinen haben.

Übungen wie die der Apramanas helfen uns, zu bemerken, was wir loslassen oder auflösen müssen, aber Liebe und Mitgefühl selbst könnten wir gar nicht entstehen lassen oder entwickeln. Sie strömen von selbst aus uns hervor. Wir können uns nicht dazu überreden oder sie durch Vorstellungen in uns einpflanzen. Wenn Liebe und Mitgefühl nicht schon in uns wären, hätten wir nicht das geringste Interesse daran und könnten sie uns auch gar nicht vorstellen. Das meine ich, wenn ich davon spreche, dass wir Liebe und Mitgefühl in uns entdecken oder aufdecken und dann lernen, dem zu vertrauen.

Immer wieder haben wir das Spiel zwischen Übungen, die absichtsvoll etwas Bestimmtes bewirken sollen, und dem natürlichen Prozess, das eigene Wesen zu entdecken. Am besten ist es, mit beiden Ansätzen gleichzeitig zu arbeiten und sich allmählich auf das weniger Absichtsvolle hin zu bewegen.

WISDOM BOOKS: Ihr eigene buddhistische Ausbildung war ja im Wesentlichen ›manngagpa‹. Können Sie erklären, was das bedeutet und wie es Ihren Lehransatz prägt?

Manngag[8] ist die tibetische Übersetzung für das Sanskrit-Wort upadesha[9]. Upadesha sind Unterweisungen, die den Lernenden unmittelbar gegeben werden und auf ihre speziellen Bedürfnisse zugeschnitten sind. Das sind also nicht unbedingt formelle Belehrungen oder Worte des Buddha. Die Lehrerin

---

[8] Tibetisch *ngag*: verbale Unterweisung, man: die beste
[9] Sanskrit *desha*: verbale Unterweisung, *upa*: die, die über den anderen ist.

vermittelt auf ihre persönliche Art, worum es geht, so dass es bei den Lernenden ankommt. Diese Unterweisung ist frisch und spontan. Und herausfordernd. Man muss sich wirklich der Wahrheit öffnen, wirklich hören wollen, was mitgeteilt wird. Die Lehrer, bei denen ich ausgebildet wurde, haben mir hauptsächlich Upadesha gegeben.

Ich habe immer Fragen gestellt. Ich wollte wissen, was das alles wirklich bedeutet, was die Lamas da sagten. Je mehr ich gefragt habe, umso mehr haben die Lehrer sich geöffnet. Und so ist es heute noch.

Wenn Bokar Rinpoche mich irgendetwas aus Texten lehrte, habe ich oft kopfschüttelnd ausgerufen: »Was bedeutet das denn wirklich?« Und Rinpoche sagte dann: »Meinst du ›wirklich‹?« Und wenn ich »Ja« gesagt habe, dann hat er das Buch zugemacht und weggelegt. Plötzlich kam eine ganz andere Seite an ihm zum Vorschein. Er schaute mich an und sagte z. B.: »Also, wenn du es wirklich wissen willst, dann musst du unmittelbar in dein eigenes Erleben schauen.« Und dann hat er mir eine Frage gestellt wie: »Was ist das Wesen deiner Gedanken?«

So etwas ist natürlich auch keine Garantie für Erfolg. Ich stelle meinen Schülern und Schülerinnen seit vielen Jahren solche Fragen. Für manche sind sie die Eintrittskarte zu tiefgehender Erforschung, für andere sind sie einfach unverständliches Zeug. Manngag oder Upadesha muss sich also den Erfordernissen der jeweiligen Lernenden anpassen. Der Lehrer kann jemandem eine Sandale auf den Kopf hauen oder irgendwelche merkwürdigen Aufgaben geben. So etwas liest man ja in den Geschichten. Die Lehrenden versuchen einfach mit allen ihnen zu Gebote stehenden Möglichkeiten, die Schüler dazu zu bewegen, ihre Vorstellungen loszulassen und anders hinzuschauen.

Dabei geht es nicht in erster Linie um die richtige Technik. Die Bedingungen müssen stimmen, damit der Groschen fallen kann. Es ist die Öffnung für die Wahrheit und das Vertrauen der Lehrerin gegenüber, auf die es letztlich ankommt. Es liegt eine Kraft und Magie darin, wie Menschen miteinander in Verbindung sein können. Und das geht weit über das hinaus, was zwischen ihnen gesagt oder getan wird.

Eine Erklärung dafür sind die richtigen karmischen Verbindungen, die vorhanden sein müssen. Sie stammen entweder aus früheren Leben oder man hat sie in diesem Leben aufgebaut. Sind die Verbindungen da, wird eine bestimmte Kraft des Einflusses (Adhisthana) zwischen der Lernenden, der Lehrerin und der Linie aktiviert. Aber diesen Vorgang kann man nicht beschleunigen, er geschieht auf seine Weise in seinem Tempo. Es ist ein natürlicher Prozess, man muss lernen, ihm zu vertrauen und damit zu arbeiten.

Sehen Sie, es nützt nichts, wenn man sich wahnsinnig anstrengt und versucht, alles richtig zu machen. Letztlich muss man diesen Ehrgeiz doch aufgeben. Man muss sich darauf einlassen, gerade heraus zu sein, vertrauensvoll und auf eine entspannte Weise ehrlich. Dafür braucht man eine weite Vision, Zuversicht und Hingabe. Das sind die Bedingungen, die zusammenkommen müssen, von denen ich vorher gesprochen habe. Ist man zu entspannt, klappt es nicht, ist man zu ernsthaft, klappt es auch nicht, ist man zu analytisch, klappt es nicht, ist man nicht analytisch genug, klappt es auch nicht. Es braucht seine Zeit und vor allem Humor. Das also ist Upadesha. Ganz anders ist der Weg des Studierens. Die Mönche lernen enorme Mengen an Text auswendig und logische Diskurse und diese Dinge. Für Upadesha muss man nicht viel wissen. Man muss nur die Kernpunkte verstehen und sie wirklich anwenden.

WISDOM BOOKS: Ist es Ihrer Erfahrung nach notwendig, westliche Praktizierende anders zu unterrichten als es tibetische Lehrer traditionell mit ihrer Schülerschaft getan haben? Setzen Sie andere Schwerpunkte oder geben Sie andere Übungen?

Eine interessante Frage. Ich finde wirklich, dass es nötig ist, andere Schwerpunkte zu setzen oder Themen in einer anderen Reihenfolge zu behandeln. Die Tibeter haben enorm viel Vertrauen. Ihre Weltsicht hat das Dharma und den Weg zur Erleuchtung vollkommen in die Textur ihrer Sprache und ihrer Gebräuche aufgenommen. Ich meine hier Tibeter, die noch traditionell aufgewachsen sind. Viele Dharma-Prinzipien sind in der Struktur ihres Denkens verankert. Deshalb geht es oft nur darum, an bestimmte Dinge zu erinnern und auf den Punkt zu bringen, was schon da ist.

Das ist bei westlichen Menschen ganz anders. In unserer Weltanschauung fehlen grundlegende Dharma-Konzepte, und die Worte unserer Sprache tragen vollkommen andere Assoziationen als die Begriffe, die Tibeter benutzen, wenn sie über Dharma sprechen. Das wurde mir sehr deutlich, als ich für Lamas übersetzte. Ich merkte, dass ich auf Englisch gar nicht sagen konnte, was der Lama eigentlich gesagt hatte. Es war unmöglich, es genauso wiederzugeben. Die Terminologie mochte wohl stimmen, aber die Worte, die mir zur Verfügung standen, hatten auf Englisch nicht dieselben Implikationen und Verknüpfungen. Sie standen mehr oder weniger zusammenhanglos ohne kulturellen Kontext im Raum.

Ein ganz offensichtliches Beispiel ist, wie Lamas traditionell über die Höllenbereiche lehren und darüber, welche negativen Handlungen zu einer Wiedergeburt in so einer Hölle führen.

Für einen tibetischen Lama ist das der optimale Ausgangspunkt, um jemanden in das Dharma einzuführen. Also, ehrlich gesagt, glaube ich, dass nur sehr wenige westliche Menschen von so einer Einführung profitieren würden.

Als ich nach Indien kam, hat Kalu Rinpoche mehrere Monate lang über nichts anderes gelehrt. Als ich ihn schließlich gefragt habe, warum er denn immerzu über die Hölle sprechen würde, antwortete er, das sollte mich davon abhalten, mich zu einem Einkaufsbummel hinreißen zu lassen, während ich im Retreat wäre. Da lag er natürlich vollkommen falsch. Er hatte zu dem Zeitpunkt keine Ahnung, wer wir Westler eigentlich waren. Andererseits hat er mir verschiedene direkte Unterweisungen gegeben, die mich tief berührten und die ich nie vergessen habe. Das war besonders deswegen erstaunlich, weil er das mit einem Übersetzer tun musste, der kaum ein Wort Englisch sprach. Auf der einen Seite benutzte er also die traditionelle Methode, die Übenden an die Ernte ihres Karma zu erinnern. Und auf der anderen Seite benutze er die ebenso traditionelle Methode des direkten Upadesha.

Man kann also nicht sagen, dass mein Ansatz nicht traditionell wäre. Ich wähle aber aus, welche Teile der Tradition am besten wann präsentiert werden, damit sich die Chancen, bei den Leuten anzukommen, erhöhen. Ich habe viel Energie und Zeit in die Erarbeitung von Lehrmaterial gesteckt, das die grundlegenden buddhistischen Prinzipien leichter zugänglich macht. Das bedeutet in manchen Fällen sogar einen ganz neuen Ansatz. Ich kann meinen Lehrern und Kollegen in wenigen Worten erklären, was ich da tue. Ich kann das anhand einiger Schlüsselbegriffe tun, und sie finden meinen Weg sehr gut. Was ich lehre. ist so grundlegend, dass es sie außerordentlich freut, wenn ich das vermitteln kann. Ein Lama hat das »gesunden

Dharma-Verstand« genannt. Er ist dringend nötig und vielen westlichen Praktizierenden mangelt es daran.

Ein anderer Lama meinte, westlichen Übenden würde nicht die Begeisterung oder die Intelligenz fehlen. Was ihnen fehlte, wäre ein Gefühl für Vertrauen und Hingabe. Darum lege ich soviel Wert darauf, dass die Leute wirklich in ihre Herzen schauen, in das Wesen des Gewahrseins blicken. Sie können so herausfinden, ob es da etwas gibt, dem sie vertrauen können. Alles dreht sich um das Entdecken und Vertrauen. Ohne Vertrauen ist es unmöglich, wirklich tief loszulassen.

WISDOM BOOKS: Wir danken für das Gespräch.

SPIRITUELLE AUTORITÄT.
EINE BUDDHISTISCHE PERSPEKTIVE

Diesen Artikel verfasste Lama Shenpen für eine Konferenz des European Network of Buddhist Christian Studies, die 2009 in St. Ottilien bei München stattfand. Auf Englisch wurde er im Journal Buddhist-Christian Studies veröffentlicht (30. Ausgabe, University of Hawaii Press 2010)

Wen betrachten Buddhisten
als spirituelle Autorität?

Wenn ich im Kontext dieses Artikels von Personen mit spiritueller Autorität spreche, meine ich damit Menschen, denen eine Tradition glaubwürdige und echte Führung auf dem spirituellen Weg zutraut. Traditionelle Quellen haben über diese Menschen wenig Schriftliches aufgezeichnet, außer ihren Lebensgeschichten und den Belehrungen, die sie vielleicht gegeben haben. Man kann sie Heilige nennen, Erwachte oder verwirklichte Menschen, Yogins oder Yoginis, Übende oder Gurus. Wie auch immer wir sie bezeichnen, es ist schwer festzumachen, wer sie genau sind. Aber ohne sie ist eine Tradition spirituell tot.

In seinem innovativen Buch *Buddhist Saints in India*[10] beschreibt Reginald Ray, wie wichtig diese Menschen in den Anfängen der buddhistischen Tradition wie auch in allen Phasen der späteren Entwicklung waren und es bis in unsere Gegenwart sind. Und dennoch war ihre Position in diesem System kaum zu fassen. Es scheint in der Natur der Sache zu liegen, dass sie nicht genau zu fassen ist, wie wir in diesem Artikel noch sehen werden. Ray wählt den Begriff ›Heilige‹, um über diese erwachten Frauen und Männer zu sprechen, denn ihre spirituelle Autorität rührt von ihrem beispielhaften Leben her und von ihren außergewöhnlichen spirituellen Kräften, ihrem besonderen Wissen. Erwachen und Verwirklichung gibt es allerdings in unterschiedlichen Abstufungen, so dass ich von dieser Gruppe lieber als Yoginis und Yogis sprechen möchte. Im Hinblick auf Erfahrung und spirituelle Autorität stehen die Mahasiddhas am obersten Ende der Scala, die ›Übenden‹ am unteren Ende.

Der Begriff ›Yogi‹ weist auf einen yogischen Prozess hin und ein System von Wissen und Erfahrung, das dazu gehört. Erwachen oder Verwirklichung, die Frucht aus dem yogischen Prozess, bezieht sich auf Einsicht in das wahre Wesen der Wirklichkeit. Die, die das erkannt haben, verkörpern selbst diese Einsicht, und das verleiht ihnen spirituelle Autorität.

In diesem Artikel spreche ich ganz allgemein über die buddhistische Tradition auf Grund vieler persönlicher und tiefgehender Begegnungen mit Yogis und Yoginis aller wichtigen Zweige des Buddhismus. Dieses ganze Gebiet bedarf jedoch noch weiterer Erforschung, und ich werde hier nur die

---

[10] Reginald A. Ray, *Buddhist Saints in India: A Study in Buddhist Values and Orientations* (NY: Oxford University Press, 1994)

Hauptthemen vorstellen und einige unbequeme Fragen stellen können.

Mein besonderes Interesse gilt der Frage, wie spirituelle Autorität in der Zukunft funktionieren kann, besonders im Westen, wo die buddhistische Tradition jetzt Fuß fasst.

Religionswissenschaftliche Ansätze gehen gerne davon aus, dass spirituelle Autorität im Buddhismus bei den Ordensgemeinschaften liegt (hier natürlich im Besonderen bei den männlichen Orden). Nichtordinierte oder Laien unterstützen die Orden. Sie erwarten im Gegenzug geistige Führung von den Ordinierten.

Ray stellt diese Annahme auf den Prüfstand. Er weist darauf hin, dass es in der Geschichte des Buddhismus immer die Heiligen waren, die die wirkliche spirituelle Autorität der Tradition inne hatten. Diese Heiligen, Yogins oder Yoginis, können Teil einer Ordensgemeinschaft sein oder auch nicht. Sie leben ganz unterschiedlich, manche als Wanderasketen, andere als Eremitinnen, als Menschen im Erwerbsleben oder auch als gekrönte Häupter. Ray schlägt daher vor, das zweifache Modell von Mönchen und ihren Unterstützern durch ein dreifaches zu ersetzen, das diese Heiligen oder Yogins mit einschließt. Damit berücksichtigt er auch den modernen Trend im Westen. Hier sehen sich Buddhisten nicht in erster Linie als Laiengemeinschaft, die von der spirituellen Autorität der Mönche abhängig ist.

Zur Zeit des Buddha lag die spirituelle Autorität bei ihm und seinen erleuchteten Schülerinnen und Schülern. Ray beschreibt sie als wandernde Waldasketen. Später folgte der Buddhismus dem Modell der brahmanischen Gesellschaft. Die Waldasketen siedelten sich nahe der Städte oder Dörfer an, damit sich eine symbiotische Beziehung zwischen Ordinierten und ihren Laienunterstützern entwickeln konnte. Als sich die buddhistische

Tradition von mündlicher zur schriftlicher Überlieferung wandelte, wurden die Klöster zu Orten der Bildung. Die Klöster bewahrten die Texte auf, und es entwickelte sich ein hoch strukturierter Tagesablauf in ihnen und um sie herum. Diese Ordnung stand im deutlichen Kontrast zu dem freieren, spontaneren Lebensstil der Waldasketinnen. Ray argumentiert, dass die gelehrten Mönche als Autoren von Texten und Kommentaren die Werte und Ausrichtung des frühen Buddhismus zu Gunsten dieser geordneten, niedergelassenen Lebensweise der Klöster beeinflussten. Die asketische, yogische Lebensweise erschien dadurch als Ausnahme, vielleicht sogar als weniger wertvolle Alternative. Auf diese Weise, so Ray, verlagerte sich spirituelle Autorität von den erwachten, wandernden, asketischen Lehrern, wie ja auch der Buddha einer gewesen war, hin zu den schriftgelehrten Mönchen innerhalb einer monastisch strukturierten Hierarchie. Ray legt dar, dass sich auf diese Weise der Schwerpunkt vom Modell des erleuchteten Lehrers, der von einer Gruppe seiner Schüler umgeben ist, auf institutionalisierte Formen spiritueller Autorität verschob. Diese Entwicklung verlieh den schriftgelehrten Mönchen besonderes Gewicht. Ihre Ansichten und Werte konnten aber durchaus im Konflikt mit denen der erwachten Lehrerinnen stehen.

Aus meiner eigenen Erfahrung kann ich nur bestätigen, dass der tibetische Buddhismus bis zum heutigen Tag erleuchtete Menschen und die yogische Erfahrung als wahre Quellen spiritueller Autorität erkennt. Gleichzeitig genießen Gelehrte und Mönche hohes Ansehen und gelten als Repräsentanten der Sangha, der buddhistische Gemeinschaft[11]. Es ist anzunehmen,

---

[11] Z. B. in Jamgon Kongtrüls Kommentaren zu seiner eigenen Lebensgeschichte. Jamgon Kongtrul (übersetzt von Richard Barron), *The Auto-*

dass ein Yogi oder eine Yogini, der oder die gleichzeitig auch Gelehrte und ordiniert ist, eine besonders hohe Stellung im System inne hat. Der entscheidende Faktor aber, wenn es darum geht, den Rang spiritueller Autorität einzustufen, ist der Grad yogischer Verwirklichung. Es reicht nicht, eine Meditierende zu sein, also eine Person, die lange Zeit im Retreat verbracht hat. Es müssen Zeugnisse für yogische Verwirklichungen vorhanden sein. Das ist in der buddhistischen Welt bekannt und in den Lebensgeschichten der Heiligen deutlich abzulesen.

Manchmal verschleiert die spirituelle Autorität der Gelehrten und Mönche im Kontext ihrer Ordens-Institutionen die Guru-Schüler-Beziehung, die ein Bestandteil der yogischen Praxis ist. Dennoch aber laufen die beiden Arten spiritueller Autorität oft als Tandem miteinander und können sogar von ein und derselben erwachten Person verkörpert werden.

Es kann vorkommen, dass Gelehrte und Yogis ziemlich unterschiedliche Ausrichtungen und Werte vertreten. Das geht sogar so weit, dass sie essentielle Lehren des Buddha, wie Lehren über das ›Nicht-Ich‹ oder Leerheit, unterschiedlich interpretieren. In meinem Artikel »Die praktischen Implikationen der Lehre der Buddha-Natur«[12] lege ich dar, dass Gelehrte und Yogis entgegengesetzte Ansichten darüber vertreten können, was letztendliche Wirklichkeit ist und wie sie man sie erkennt. Auf der einen Seite sind diejenigen, die die letztendliche Wirklichkeit als etwas sehen, das man durch die Öffnung für die

biography of Kamgon Kongtrul: A Gem of Many Colors (Ithaka, N Y: Snow Lion, 2003), 4.

[12] S. K. Hookham, »The Practical Implications of the Doctrine of Buddha Nature«, The Buddhist Forum Volume II (London: School of Oriental and African Studies, 1991)

lebendige Gegenwart einer oder eines Guru intuitiv erfährt. Für sie liegt spirituelle Autorität deshalb bei den erwachten Yoginis und Yogis und der yogischen Übung (Meditation). Auf der anderen Seite stehen die, die im Meistern von Schriften, Analyse und ethisch reinem Verhalten innerhalb der Ordensstrukturen das Gütesiegel sehen, das spirituelle Autorität verleiht. Sie wären einem Yogi gegenüber sehr misstrauisch, der diese Aspekte nicht an den Tag legt und geben einer Interpretation des buddhistischen Weges den Vorzug, die eine allmähliche Entwicklung betont. Sie schenken dem intuitiven und spontanen Ansatz wenig Vertrauen, den diejenigen vertreten, die den Weg und die Wirklichkeit als eine lebendige Gegenwart sehen, etwas, was immer schon vollständig war und vollkommen ist, verborgen zwar, aber in jedem Wesen präsent. Hier zeichnen sich Spannungen ab zwischen zwei unterschiedlichen Interpretationen und den damit verbundenen Formen der spirituellen Autorität innerhalb der buddhistischen Tradition. Das betrifft die individuelle Übende wie auch die historische Entwicklung der Institutionen und der Kommentare der Schriften. Diese Spannung scheint überall, wo man sich die Tradition ansieht, vorhanden zu sein, und sie setzt sich auch heute noch weiter fort.[13]

---

[13] Siehe Potprecha Cholvijarn, *Nibbana as Self or Not-Self: Some Contemporary Thai Discussions,* unpublished MPhil dissertation (University of Bristol, 2007)

Wie wissen wir, wem wir als spiritueller Autorität vertrauen können?

Verglichen mit dem Gelehrten und Mönch ist die Figur des Yogi / Guru nicht leicht zu erkennen. Die Lebensweise des Yogis oder der Yogini kann dazu verleiten, sie oder ihn für eine ganz gewöhnliche Person zu halten. Nur ein anderer Yogi mit ähnlich hohem Verwirklichungsgrad könnte hier den Unterschied erkennen. Dasselbe gilt auch für Bodhisattvas im Mahayana Buddhismus, die übrigens in diesem Kontext zur Gruppe der Yogis oder erwachten Wesen zählen würden.

Zur Zeit des Buddha gab es viele Yogis oder Yoginis, die spirituelle Autorität für sich in Anspruch nahmen und in einigen Texten (Suttas) wird der Buddha gefragt, wie ein gewöhnlicher Mensch sie erkennen kann. Das Kalama Sutta z. B. beschreibt, wie die Kalamer den Buddha diesbezüglich um seine Meinung baten. Sie waren sich nicht sicher, welcher der verschiedenen Lehrer, die ihre Stadt aufsuchten, wenn überhaupt einer, die Wahrheit sprach. Die Antwort des Buddha ist eine berühmte und oft zitierte Aussage:

»Richtet euch nicht danach, was sich durch wiederholtes Hören herausgestellt hat; auch nicht nach dem Hörensagen; auch nicht nach dem, was in den Schriften steht; nicht nach Vermutungen; nicht nach Axiomen; nicht nach fadenscheinigen Argumenten; nicht aus Vorliebe für eine Meinung, die nicht wirklich durchdacht wurde; nicht nach den Fähigkeiten, die jemand zu haben scheint; nicht nach der Überlegung, ›Dieser Mönch ist unser Lehrer.‹ Kalamer, wenn ihr selbst wisst: ›Diese Dinge sind schlecht, diese Dinge sind zu tadeln, diese Dinge lehnen die Weisen ab; werden sie unternommen oder befolgt, dann führen diese Dinge zu Schaden und Schlechtem‹, dann lasst sie sein«.[14]

Diese Passage wird oft dahingehend interpretiert, der Buddha habe die spirituelle Autorität von Schriften und Lehrern generell zurückgewiesen. Tatsächlich erklärte er den Kalamern aber vielmehr, wie Bhikkhu Bodhi darlegt, wie sie einen Lehrer auswählen können und nicht, dass überhaupt keiner benötigt wird.[15] Die spezifische Lehre, die bei den Kalamern Zweifel auslöste, behandelt die Frage, ob es zukünftige Leben gibt oder nicht und ob die Taten aus dem jetzigen Leben uns in zukünftigen Leben Glück oder Leid bringen. Der Buddha machte deutlich: ihr könnt selbst einschätzen, dass Gier, Hass und Verwirrung Glück und Wohlergehen nicht begünstigen, dass weise Menschen Gier, Hass und Verwirrung nicht gut heißen und dass man deshalb zugunsten ihres Gegenteils von ihnen ablassen sollte.

Obwohl also diese Textstelle oft so verstanden wird, dass der Buddha eine relativierende Haltung einnahm und den Kalamern sagte, am besten wäre es, die Wahrheit selbst herauszufinden, hat es doch etwas zu bedeuten, dass der Buddha vorschlägt, ihr eigenes Urteil durch die Zustimmung von weisen Menschen untermauern zu lassen. In der Gesellschaft werden ›die Weisen‹ im Allgemeinen an dem guten Ruf erkannt, den sie bei denen haben, die selbst im Ruf stehen, weise zu sein. Obwohl das wie ein ins Unendliche führender Rückverweis klingt,

---

[14] Aus dem Pali ins Englische von Soma Thera, »Kalama Sutta: The Buddha's Charter of Free Inquiry« *Anguttara Nikaya,* AN 3.65 (Access to Insight, 2009), 4. Auf Deutsch unter: Die Rede an die Kalamer auf der Internetseite: palikanon.de das Anguttara Nikaya, drittes Buch, Nr. 66 (unter dem Link: www.palikanon.com/angutt/a03_062–066.html#a_iii66)

[15] Bhikkhu Bodhi, *A Look at the Kalama Sutta* (Access to Insight, 2009)

ist es doch der Ruf, der letztendlich zählt, neben verschiedenen anderen Faktoren, die bei der Bestätigung der Echtheit ins Spiel kommen können (wie wir es im Westen ja auch aus den Künsten, der Wissenschaft oder anderen Kulturdisziplinen kennen).

Der Buddha lehrt daraufhin die vier ›Unermesslichen‹[16], die den ganzen Raum mit grenzenlosem Wohlwollen, Mitgefühl, Freude und Gleichmut erfüllen. Er erklärt, wie jemand, der in dieser Weise frei im Geist von Hass ist, auch frei von Leiden leben kann, sowohl in diesem jetzigen Leben wie auch in einem zukünftigen. Sollten die Kalamer aber nicht an zukünftige Leben glauben können, dann wäre so ein Geist, der frei von Hass ist, auf jeden Fall schon dem Glück in diesem jetzigen Leben zuträglich. Und würde sich schließlich herausstellen, dass es doch zukünftige Leben gibt, dann hätten sie ja schon das richtige getan, um sicher zu stellen, dass sie in der Zukunft auch glücklich sein könnten.

Bhikkhu Bodhi legt dar, dass der Buddha die Kalamer durch einen Prozess der Gültigkeitsprüfung leitet. Zunächst ermutigt er sie, eine Wahrheit zu erkennen, deren Gültigkeit sie selbst bezeugen können. Die Frage ist: Führt das zu Wohlergehen und Glück, und findet es die Zustimmung der Weisen? Dann gibt er ihnen eine Kostprobe seiner eigenen Lehre. Diese ist eine effektive Methode, Glück und Wohlergehen zu erlangen und kann ausprobiert und überprüft werden. Mit so einem vorläufigen Vertrauen in seine Lehren können die Kalamer seine Schüler werden. Indem sie dann üben, was er lehrt, gelangen sie schließlich zu einem Vertrauen in die befreiende Kraft

---

[16] Kürzel für die Vier Apramanas oder die Vier Unermesslichen Haltungen: Liebe, Mitgefühl, Mitfreude und Gleichmut.

seiner Lehren, das auf Erfahrung gegründet ist. Dieses tiefere Vertrauen in die Lehren bringt auch ein größeres Vertrauen in den Buddha als Lehrer mit sich. Das wird sie wahrscheinlich dazu bewegen, auch die Prinzipien, die er verkündet, die außerhalb ihrer unmittelbaren Möglichkeit der Überprüfung liegen (wie z. B. zukünftige Leben) auf sein Wort hin zu akzeptieren. So also basiert das Vertrauen in den Lehrer oder die Lehrerin auf dem Vertrauen in die Lehren und umgekehrt. Auf vorläufigem Vertrauen aufbauend entsteht in den Schülern wahres Wissen und Erfahrung.

Das Canki Sutta[17] geht bei den Fragen nach der spirituellen Autorität und danach, wie man einen Lehrer oder eine Lehrerin auswählt und mit ihr arbeitet, noch mehr ins Detail. Spirituelle Autorität ist eine Sache der Wahrheit, und es geht darum, jemanden zu finden, der oder die diese Wahrheit kennt und auch fähig ist, den Suchenden zu zeigen, wie man sie entdeckt und sie selbst erkennen kann. Der Buddha erklärt dem jungen Brahmanen Kapadika (oder Kapathika), wie man die Wahrheit als solche sicher stellt, für sie wach wird und sie dann verwirklicht. Kapadika fragt den Buddha: »Meister Gotama, was die alten brahmanischen Hymnen angeht, die durch mündliche Überlieferung und Schriftensammlungen überliefert worden sind, sind die Brahmanen mit Bestimmtheit zu dem Schluss gekommen: ›Nur dies ist wahr, alles andere ist falsch.‹ Was sagt Meister Gotama dazu?«[18]

---

[17] Thanissaro Bhikkhu (Übersetzung ins Englische), »Canki Sutta: With Canki« *Majjhima Nikaya*, MN95 (Acces to Insight, 2009) auf Deutsch in einer sehr gut lesbaren Übersetzung von Kay Zumwinkel auf der Internetseite: www.palikanon.de, unter Majjhima Nikaya, Nr. 95 (Link: www.palikanon.com/majjhima/zumwinkel/m095z.html)

[18] Ibid.

Der Buddha fragt darauf, ob irgendeiner der Lehrer des Brahmanen oder einer der Lehrer dieser Lehrer bis zurück in die siebte Generation gesagt habe ›Ich weiß dies, ich sehe dies: nur dies ist wahr, alles andere ist falsch‹. Darauf antwortet der junge Mann mit ›Nein‹. Der Buddha fragt dann, ob irgendeiner der brahmanischen Seher, die die alten Hymnen erschaffen haben, das gesagt habe. Und wieder ist die Antwort ›Nein‹. Der Buddha vergleicht sie daraufhin mit Blinden, die Blinde führen.

In diesem Zusammenhang ist es vielleicht von Interesse zu erwähnen, dass der Buddha im Dhammacakkappavattana Sutta[19] (seiner ersten Lehrrede) kategorisch erklärt, jede der vier edlen Wahrheiten wäre wahr, könnte überprüft werden und er hätte sie überprüft. Das steht im Gegensatz dazu, einfach inspirierende Aussagen zu wiederholen und sie als Autorität anzunehmen, nur weil man davon überzeugt ist. Kapadika erwidert, dass die spirituelle Autorität der brahmanischen Hymnen aber nicht aus reiner Überzeugung herrührt, sondern aus einer ununterbrochenen Überlieferung.

Der Buddha weist in seiner Antwort darauf hin, dass es fünf Dinge gibt, denen wir gemeinhin Autorität zuschreiben, die aber tatsächlich unzuverlässig sind (wörtlich: »die in zwei Richtungen gehen können«)[20]. Diese fünf sind: Überzeugung, Vorliebe, ununterbrochene Überlieferung, Analogie-Schluss

---

[19] Thanissaro Bhikkhu (Übersetzung ins Englische), »Dhammacakkappavattana Sutta: Setting the Wheel of Dhamma in Motion,« *Samyutta Nikaya*, SN 56.11 (Access to Insight) Auf Deutsch auf der Internetseite: www.palikanon.com in einer gut lesbaren Übersetzung von Helmuth Hecker, (Link: www.palikanon.com/samyutta/sam56.html#s56_11)

[20] Dieses und alle weiteren Zitate sind im Englischen aus der Übersetzung des Canki Sutta von Thanissaro Bhikkhu, im Deutschen von Kay Zumwinkel (siehe Fußnote 17).

und Zustimmung, die durch die Analyse von Sichtweisen zustande kommt.

Der Buddha erklärt, dass sich Punkte, von denen man sehr stark überzeugt ist, als falsch heraus stellen können. Andere, von denen man überhaupt nicht überzeugt ist, können sich als wahr erweisen. Dasselbe gilt für die anderen vier Dinge, denen wir für gewöhnlich Autorität zuschreiben.

Es ist interessant, dass einige Dinge, die durch eine ununterbrochene Überlieferung tradiert sind, sich als falsch, leer und eitel herausstellen können, und einige Dinge, die nicht aus einer ununterbrochenen Überlieferung stammen (die, mit anderen Worten, neu sind) wahr, echt, wirklich und fehlerfrei sein können.

Der Buddha rät deshalb Kapadika, immer die Wahrheit zu sichern, indem er jede Aussage, die er macht, mit einem Zusatz verbindet wie »das ist meine Überzeugung« oder »so denke ich mir das«, »so ist es überliefert« oder »das ist die Argumentation, die ich zugrunde lege«. Zu der sicheren Schlussfolgerung zu gelangen, ›Nur dies ist wahr, alles andere ist falsch,‹ sei kein Sicherstellen der Wahrheit, wenn man nur vom Standpunkt der Überzeugung, Vorliebe, Überlieferung, Analogie oder der Analyse her spricht.

Das ist es, was wir in akademischen Kreisen ›Objektivität‹ nennen würden. Es bedeutet, dass wir dafür sorgen, unsere Darstellung nicht zu übertreiben und unsere Aussagen mit Quellen zu belegen. Einfach nur zu behaupten, ›Nur dies ist wahr, alles andere ist falsch‹, würde man nicht als eine objektive Aussage bezeichnen. Und doch kann, gemäß dem Buddha, jemand, der wie er selbst die letztendliche Wirklichkeit durchdrungen und Erleuchtung erlangt hat, so einen Anspruch erheben.

Was hat das also mit dem Anspruch der buddhistischen Traditionen zu tun, ihre Lehren stammten direkt vom Buddha, dem Anspruch, sie seien eine ununterbrochene Überlieferungslinie des Wissens und der Erfahrung, von Lehrerin zu Schüler weitergegeben bis hin zur heutigen Generation?

Wie der Buddha sagt, könnte es sich herausstellen, dass dieser Anspruch wahrheitsgemäß ist und somit eine echte Übermittlung stattfinden kann. Genauso gut könnte er sich aber auch als nicht wahr erweisen. Irgendwo auf dieser Linie kann das Wissen und die Erfahrung verloren gegangen sein. Ich denke nicht, dass damit gemeint ist, dass ununterbrochene Überlieferungen ohne Wert sind, es geht eher darum, den Rat zu beherzigen, dass das allein nicht genügt.

Die buddhistische Tradition betrachtet nicht nur das Weitergeben von Einsicht als etwas, das aus einer ununterbrochenen Linie oder Überlieferung stammt. Sie betrachtet auch die Ordens-Regeln, die Bodhisattva-Gelübde, tantrische Einweihungen, rituelles Verlesen von Texten, Rituale, die mit der Segnung von Tempeln, Stupas oder Bildern zu tun haben, und vieles andere auf diese Weise. ›Linie‹ bezieht sich hier auf die ununterbrochene Ahnenreihe von Gurus und Schülerinnen, die an dem lebendigen Prozess der Übermittlung des Wissens und der Kraft (oder des Einflusses) von einer Person zur nächsten teilhaben. ›Tradition‹ bezieht sich auf die Gebräuche und Rituale, die diesen Übermittlungsprozess begleiten und so sehr mit ihm verbunden sind, dass sie diesen Übermittlungsprozess selbst zu verkörpern scheinen. Oft wird sogar behauptet, die buddhistische Tradition als Ganzes stelle die ununterbrochene Überlieferungslinie dar, so wie sie aus der Zeit des historischen Buddha zu uns kommt. Wie auch immer, der Buddha selbst hat darauf hingewiesen, wenn es um die Frage spiritueller Autorität geht, dann ist dieser Anspruch allein nicht ausreichend.

Kapadika fragt daraufhin den Buddha, was ist denn das wirkliche Erwachen zur Wahrheit? Der Buddha erklärt daraufhin, dass es zuerst nötig ist, eine Lehrerin mit gutem Ruf zu finden. Hat man sie (oder ihn) gefunden, dann gilt es ihr Verhalten zu überprüfen. Deutet irgendetwas auf so viel Gier, Abwehr oder Unwissenheit hin, dass sie sagen könnte, »ich weiß«, wenn sie es gar nicht weiß, oder sie sagen könnte, »ich sehe« und doch gar nichts sieht? Mit anderen Worten, man achtet, wie immer im Leben, auf Integrität, Ehrlichkeit und darauf, ob jemand vertrauenswürdig erscheint. Das ist natürlich besonders wichtig, wenn man sich auf jemanden als spirituelle Autorität beziehen möchte.

Der Buddha empfiehlt dann, genau zu zuhören, wenn diese Person das Dharma lehrt. Ist es »tiefgründig, schwer zu verstehen, schwer zu erkennen, ruhig, verfeinert, jenseits von Mutmaßungen, scharfsinnig, und etwas, das von den Weisen erfahren werden kann«, dann ist das ein weiterer Beweis für Echtheit. Solch ein Dharma lehrt niemand, der von Gier, Hass oder Verwirrung ergriffen ist.

Das sind nützliche Leitlinien. Aber selbstverständlich können wir uns immer noch täuschen und jemanden für eine echte spirituelle Autorität halten, die es gar nicht ist. Die ersten beiden Lehrer des Buddha z.B. hatten, wie sich herausstellte, die Wahrheit jenseits allen Leidens nicht durchdrungen, obwohl sie das großspurig behauptet hatten. Als der Buddha alles verstanden hatte, was sie zu lehren hatten, gaben sie aber ehrlicherweise zu, dass sie nicht mehr als das wussten, und sie behaupteten nicht, dass das, was sie wussten, die einzige Wahrheit sei, die es gibt. Das muss man ihnen hoch anrechnen.

Der Buddha erklärt dann weiter, wenn es so aussieht, als habe man einen echten Lehrer gefunden, dann sollte man ihm vertrauen, ihn besuchen und mit ihm vertraut werden. Auf diese Weise kann man ihm lauschen und das Dharma hören. Danach muss man sich lange genug daran erinnern, um die Bedeutung zu verstehen. Dann kann man darüber nachdenken und zu einer Übereinstimmung damit kommen. Dadurch entsteht Einsatz oder Begehren.

Sich einsetzen oder Begehren ist ein Kernpunkt des gesamten Prozesses. Das zu begehren, was bedingt und falsch ist, verursacht Leiden. Das Begehren nach Wahrheit aber ist befreiend. Aus dem Begehren nach der Wahrheit entsteht der Wunsch oder die Willenskraft, ihr zu folgen. So wird man fähig, über die Wahrheit nachzudenken und sich dafür einzusetzen, ihre letztendliche Bedeutung mit dem ganzen Körper zu verstehen, sie »mit Erkenntnis durchdringend« zu sehen.

Hier spricht der Buddha über das, was ich den yogischen Prozess nennen würde, der zur Verwirklichung führt. Der Hinweis auf das Erkennen mit dem Körper, macht deutlich, dass es hier nicht bloß um intellektuelles Wissen geht. Es ist etwas, das unser ganzes Wesen erfasst, und wir verwandeln uns zu seiner lebendigen Verkörperung. Diese Stufe wird »Erwachen zur Wahrheit« genannt. Kapadika möchte aber wissen, wie er die letztendliche Verwirklichung der Wahrheit erreichen kann.

Der Buddha zählt wieder dieselben Eigenschaften wie vorher auf (vertrauen, besuchen usw.). Kapadika fragt ihn, was denn der hilfreichste Aspekt ist, um die letztendliche Verwirklichung zu erreichen, und der Buddha sagt, es ist der Einsatz, das Begehren. Gefragt, was denn am hilfreichsten sei, um sich einzusetzen, antwortet der Buddha, es ist das Nachdenken. Und so geht es die ganze Abfolge zurück zu Besuchen und Vertrauen oder das Überzeugtsein von der Ehrlichkeit der Lehrerin und von der Tiefgründigkeit und Scharfsinnigkeit ihrer Lehren.

Kapadika verkündet dann, dass ihm gefällt, was der Buddha gesagt hat und dass er dem zustimmt (dabei vermeidet er es sorgfältig, nicht in die Falle zu tappen, zu behaupten, er wüsste, dass es stimmt). Daraufhin nimmt er Zuflucht zu Buddha, Dharma und Sangha, inspiriert von Liebe und Vertrauen und dem Respekt für die, die den Weg der Meditation gehen.

Diese detaillierten Hinweise des Buddha sind sehr hilfreich, denn sie berücksichtigen, dass es für Unerleuchtete wirklich nicht leicht ist, die Integrität einer Person zu beurteilen. Auch wenn man ihr Verhalten auf den Prüfstand stellt, man kann trotzdem auf die eigenen Projektionen hereinfallen. Besonders Leute mit geringem Selbstwertgefühl sind anfällig dafür, Situationen falsch einzuschätzen und dem Missbrauch anheim zu fallen. Vielleicht müssen wir erst einmal an uns selbst arbeiten, bevor wir überhaupt daran denken können, eine spirituelle Lehrerin zu finden.[21]

---

[21] Siehe Alexander Berzin, *Relating to a Spiritual Teacher* (Ithaka, NY: Snow Lion, 2000). Auf Deutsch: *Zwischen Freiheit und Unterwerfung. Chancen und Gefahren spiritueller Lehrer-Schüler-Beziehungen.* (Berlin: Theseus, 2002)

Das Wesen spiritueller Autorität
im Buddhismus

Für Buddhisten verkörpert der Buddha den vollkommensten geistigen Führer oder Guru. Und selbst er nahm für sich in Anspruch, nur den Weg zeigen zu können. Nehmen seine Schüler nicht den Weg, den er weist, können sie nicht zum Erwachen gelangen, auch wenn sie sich seine Schüler oder Jünger nennen.[22] Spirituelle Autorität im Buddhismus hat also nichts mit gottgegebenem Recht zu tun, über andere Autorität auszuüben. Eine andere Person kann uns immer nur den Weg zeigen.

Gehorsam und Hingabe an den Guru bedeutet also im Buddhismus, einer Führerin zu folgen und dem yogischen Prozess zu vertrauen. Es geht nicht darum, sich der spirituellen Autorität einer Person auf ewig zu unterwerfen. Man nimmt die geistige Führung vorläufig an und zwar so lange, wie es dauert, um auf der spirituellen Ebene der Lehrerin anzukommen. Wir müssen der Lehrerin genug vertrauen, um mit ihr arbeiten und die Lehren der Wahrheit aufnehmen zu können. Dies geschieht durch ihre Unterweisungen und durch ihr Beispiel, und das bedeutet, sich auf die Lehrerin als spirituelle Autorität zu beziehen. Der spirituelle Weg ist eine lange Reise mit vielen Etappen und Fallstricken. Wir brauchen Führung auf dem Weg, um die ganze Zeit über geschützt zu sein, geschützt vor den unterschiedlichen Ablenkungen, Abwegen und Schwierigkeiten, die uns auf dem Weg begegnen. Wir brauchen Anleitung dafür, wie wir die verschiedenen Erfahrungen, die

---

[22] z. B. das *Ganakamoggallana Sutta* (Majjhima Nikaya 107)

auftauchen, wenn wir dem Weg folgen, interpretieren sollen. Wir brauchen Schutz vor den Fehlern, die auf uns warten, besonders dem der Selbsttäuschung, vielleicht die größte spirituelle Falle überhaupt. Spirituelle Führung ist also offensichtlich etwas Wesentliches. Aber einen Lehrer zu finden, der das Wissen und die Erfahrung hat, uns zu leiten, das ist eine riskante Geschichte.

Dann wäre da noch die Frage, wer uns schließlich bestätigt, dass wir die Wahrheit tatsächlich integriert und richtig verstanden haben. Hätten wir die letztendliche Verwirklichung erlangt, wüssten wir das natürlich aus uns selbst heraus. Aber was könnte uns davon abhalten, zu denken, wir hätten sie schon erreicht, bevor wir sie tatsächlich erreicht haben? Vielleicht haben wir versehentlich eine Lehrerin ausgewählt, die selbst glaubt, sie hätte die letztendliche Verwirklichung ohne sie wirklich zu haben. Wir könnten das ja nicht feststellen! Und auch wenn unsere Lehrerin die letztendliche Verwirklichung tatsächlich erlangt hätte, könnte sie vor uns sterben.

Wenn es drauf ankommt, müssen wir uns jetzt wie auch in der Vergangenheit hinsichtlich spiritueller Autorität auf die Yogis und Yoginis verlassen, die bei ihresgleichen im Ruf stehen, verwirklicht zu sein. Es läuft auf das hinaus, was ich das Netzwerk der Yogis nenne. Ohne so ein Netzwerk wären wir wahrscheinlich verloren, so wie wir es auch ohne Experten-Gutachten in der Welt der Wissenschaft wären.

Da es im Buddhismus also ein Ding der Notwendigkeit zu sein scheint, eine gut beleumundete Führerin mit spiritueller Autorität zu finden, um sich auf dem spirituellen Weg leiten zu lassen, bleibt die Frage: Wie kann man es heutzutage anstellen, so eine zu finden?

In einem buddhistischen Land gibt es im Allgemeinen lo-

kale Institutionen und verschiedene bekannte Lehrer mit ihrer Schülerschar. Man könnte auf diese Weise, wenn man sich
dazu inspiriert fühlt, eine Lehrerin mit gutem Ruf finden und
sie um Anleitung bitten, wenn die Beziehung sich gut entwickelt. Die Tatsache, dass es da eine bestimmte Lehrerin gibt,
die erreichbar ist und einwilligt, jemanden als Schülerin anzunehmen, wird, denke ich, in den meisten Fällen als Beweis
für karmische Beziehungen gesehen. Und das macht es unnö-
tig, diese Tatsache durch die Suche nach einer anderen Lehrerin noch einmal in Frage zu stellen. Wenn zu einem späteren Zeitpunkt eine karmische Verbindung zu einem anderen
Lehrer auftaucht, dann wäre das etwas, was mit den jeweiligen
Lehrern zu besprechen ist.

Es ist aber auch ganz normal, dass Institutionen Lehr- und
Ausbildungsprogramme auflegen, für die sie Lehrende ernen-
nen. Alle Übenden akzeptieren dann die spirituelle Autorität
dieser Lehrenden und lassen sich von ihnen anleiten. Die Haltung dabei ist, dass es sich wohl um einen Hinweis auf karmische Verbindung handelt, auf diese Weise Unterweisungen
von einer bestimmten Person erhalten zu können. Das ist eher
ein Grund zur Freude als etwas, das man in Frage stellt. Ich
benutze hier die Bezeichnung ›Übende‹, einerseits für Menschen, die zwar spirituelle Begleitung für ihre yogische Praxis
suchen, aber sich noch nicht als Yogis bezeichnen würden. Andererseits verfolgt nicht jede Übende das Ziel, eine Yogini zu
werden, manche Buddhisten suchen vielleicht einfach eine Lehrerin auf, wenn sie spirituelle Fragen haben und gehen zu ihr,
immer wenn sie das Gefühl haben, dass sie Rat brauchen.

Mit anderen Worten, zu jedem Zeitpunkt und in jeder
Gruppe sind die Bedürfnisse der Leute gemischt. Manche stei-
gen auf die Situation als engagierte persönliche Schüler ein,

die den Lehrer als ihren Guru sehen, der auf besondere Weise mit dem yogischen Übungsweg verbunden ist. Andere haben eine weniger persönliche Art der Verbindung. Trotzdem betrachten sie die Lehrerin als Verkörperung der Überlieferungslinie und verhalten sich daher genauso, wie sie sich ihrer persönlichen Lehrerin gegenüber verhalten würden (ob sie nun eine haben oder nicht). Schülerin einer bestimmten Lehrerin zu sein, ist eine rein persönliche Sache und niemand kann jemand anderem in tiefstem Sinn eine spirituelle Begleitung verordnen. Meiner Erfahrung nach wird es in tibetischen Kreisen als eher außergewöhnlich angesehen, dass man danach strebt, eine Yogini zu werden und eine persönliche Beziehung zu einem Guru zu haben, der die Meditationspraxis begleitet. So etwas ist eine delikate Angelegenheit. Ich habe festgestellt, dass westliche Übende es eher für etwas allgemein Übliches halten. Oft haben sie recht hohe und unrealistische Erwartungen an spirituelle Begleiter. Das ganze Thema spiritueller Autorität kann bei westlichen Übenden leicht Verwirrung auslösen.

Gleichzeitig aber sind wir als westliche Menschen weniger in den Konventionen der in Asien tief verwurzelten Traditionen gefangen. Das kann bedeuten, dass wir freier sind, neue Möglichkeiten auszuloten. Wir können uns fragen, was bloße gesellschaftliche Konvention und was Notwendigkeiten oder zumindest wertvolle rituelle Abläufe und Bräuche im Bezug auf spirituelle Lehrer sind. Unser Nachteil ist, dass wir oft schlecht oder sogar falsch informiert sind. Es ist vielen nicht klar, dass es ein Netzwerk der Yogis und derer, die wirkliche spirituelle Autorität haben, gibt.

Im Canki-Sutta rät der Buddha Kapadika, jemanden zu finden, der sagt, dass er die Wahrheit kennt und sie ihm zeigen kann. Das ist der yogische Weg. Die Suche danach, selbst die Wahrheit in der eigenen Erfahrung zu erkennen, durch Meditation und angeleitet von einer yogischen Lehrerin. Wie findet man so eine Lehrerin? Ordensleute sind durch ihre Roben leicht zu erkennen, und in der Ordensgemeinschaft sind ihre Lebensläufe nachzuvollziehen. Yogis und Yoginis aber kann man nicht so leicht ausmachen, sie können ihr Leben auf jede beliebige Art führen und nur diejenigen, die dieselbe oder eine höhere Verwirklichung innehaben, können sie erkennen. Nicht erwachte Menschen haben vielleicht ein Gespür dafür, wer diese Menschen wirklich sind, aber man kann sich auch vollkommen täuschen. Wir müssen also, wenn möglich, ihren Ruf unter den Yogis überprüfen. Am obersten Ende der Hierarchie spiritueller Autorität stehen sicherlich die Menschen, an die sich anerkannte und vertrauenswürdige Yoginis wenden, wenn sie selbst spirituellen Rat brauchen. Auf ähnliche Weise spielt der Ruf in westlichen Traditionen in den Bereichen der Künste oder der Wissenschaften eine Rolle.

Wie erkennt eine Yogini die Verwirklichungsstufe einer anderen Yogini? Hoch verwirklichte Yoginis erkennen die spirituellen Eigenschaften anderer Yoginis ganz direkt durch eine geistige Verbindung, die zwischen ihnen geschieht (vergleiche dazu Khenpo Tsültrim Gyamtso Rinpoches Bericht über sein Treffen mit Trungpa Rinpoche)[23]. Es gibt ziemlich viele Geschichten darüber, wie Yogis sich gegenseitig mit Fangfragen usw. auf die Probe stellen.

---

[23] *Interview mit Khenpo Tsültrim Gyamtso Rinpoche«* (2003). Die englische Version davon findet sich auf der Internetseite: *The Chronicles of Chögyam Trungpa Rinpoche* https://www.chronicleproject.com/interview-with-khenpo-tsultrim-gyamtso-rinpoche/

Im tibetischen Buddhismus, vielleicht auch in allen Formen des Buddhismus, suchen sogar die Oberhäupter der spirituellen Institutionen Yogis mit gutem Ruf auf und erweisen ihnen Respekt, ob sie nun Mönche, Nicht-Ordinierte, Frauen oder Männer sind. Das Benehmen dieser Yogis aber ist nicht immer leicht zu verstehen, es kann sogar ziemlich merkwürdig sein, vielleicht benehmen sie sich wie Verrückte, wie Kinder oder auch wie Tiere, während sie den yogischen Prozess durchlaufen. Wie können wir ihr Verhalten mit gewöhnlichen ethischen Maßstäben messen? Wie können wir es überhaupt beurteilen? Wir sprechen hier von einem Übermittlungssystem, das außerhalb der Textüberlieferung und der institutionellen Struktur steht. Hier berühren wir ein hoch spezialisiertes Themengebiet. Um hier tiefer einzudringen, ist es notwendig, die Stufen des Wegs aus der Ebene der Erfahrung verstehen zu können. »Das ist Yogi-Sprache«, wie ein tibetischer Yogi es einmal ausdrückte.

Wie die Frage der spirituellen Autorität im Westen behandelt wird

Schon über eine Generation lang wird der Buddhismus im Westen ausgeübt, und es stellt sich die Frage, wie spirituelle Autorität und die Glaubwürdigkeit spiritueller Gemeinschaften, die westliche Lehrende ins Leben gerufen haben, erhalten werden kann. Wir fragen uns, wer kann über die Echtheit und die Autorität der Lehren wachen? Wer kann die Position einnehmen, die nötig ist, um für das spirituelle Herz der Tradition zu sprechen, und wie könnte so jemand autorisiert und anerkannt werden? Diese Fragen haben wir ausführlich auf der Konferenz des Treffens europäischer buddhistischer Lehrerinnen und Lehrer in Italien diskutiert (im September 2008).[24]

Eine Reihe buddhistischer Orden entsteht gerade im Westen. Es ist der Versuch, für ein strukturiertes Autorisierungsverfahren zu sorgen, auf das andere sich beziehen und verlassen können. Wir versuchen Strukturen zu schaffen, die Schülerinnen auf ihrer Suche nach der Wahrheit innerhalb einer Institution unterstützen. Diese Institution will die Echtheit des Übermittlungsprozesses gewährleisten – eines Prozesses, der von seinem Wesen her gerade nicht institutionalisiert werden kann!

Im Westen haben wir uns daran gewöhnt, jede erkennbare Gruppe von Lernenden um einen bestimmten oder mehrere Lehrer Sangha zu nennen. Es kann sich dabei auch um eine bestimmte buddhistische Gruppierung oder Organisation handeln, sei sie nun ein Orden oder nicht. Sangha bedeutet nicht mehr ausschließlich Übende in Roben, und alle anderen sind Laien, die die Ordinierten unterstützen und von ihnen im Bezug auf spirituelle Autorität abhängig sind. Technisch gesehen, im Kontext der Zufluchtnahme, ist die Sangha ausschließlich die Gemeinschaft der Erwachten. Es war aber immer schon Usus, davon auszugehen, dass die Ordinierten diese Sangha in der Welt repräsentieren, da sie als Nachfolger des Buddha leicht zu erkennen sind. Im Westen sieht man heutzutage immer mehr die nicht ordinierten Übenden als Sangha an. Roben (oder andere äußerliche Zeichen), Titel, Eingangszeremonien und Verpflichtungen zu Regeln sind praktische Erkennungs-

---

[24] In Zusammenarbeit mit der europäischen buddhistischen Union organisiert. (http://europeanbuddhism.org/)

merkmale. Sie unterscheiden die, die eine spirituelle Gemeinschaft repräsentieren, von denen, die nur an Veranstaltungen teilnehmen, Sympathisanten oder Unterstützerinnen sind. Buddhistische Sanghas nutzen alle oben genannte Elemente, ebenso die verschiedenen westlichen Orden. Wieviel spirituelle Autorität aber solche Orden mit sich bringen oder mit sich bringen sollten, das ist eine offene Frage.

Die Echtheit der spirituellen Übermittlung gewährleisten

Im Buddhismus gibt es unterschiedliche Beispiele dafür, wie spirituelle Autoritäten die Echtheit der Lehren bewahren. Denn nicht nur der Einzelne benötigt Schutz vor unechten Ansprüchen oder Lehren, auch die spirituelle Gemeinschaft und sogar die Gesellschaft als Ganzes braucht so einen Schutz. So stellen z. B. Yogis und Yoginis das Dharma mitunter ganz neu und spontan dar, was einigen Übenden nützen kann, andere möglicherweise aber gefährlich in die Irre führt. Das Studium von Schriften, mit Hilfe derer man die Echtheit bestimmter Lehren überprüfen kann, indem man Schriften zu Rate zieht, die die Kontinuität der Tradition bis zurück zum Buddha selbst aufzeigen, hat daher seine Berechtigung. Nicht alle Yogis oder Yoginis sind gebildet genug, das tun zu können, was aber ihre spirituelle Autorität, die sie aus der direkten Erfahrung ziehen, nicht entwertet. Dann gibt es die, die der Selbsttäuschung unterliegen, sie wüssten etwas, was sie in Wirklichkeit nicht wissen. Und dann sind da noch die waschechten Scharlatane. Es hat Könige gegeben, die glaubten, ein göttliches Recht zu haben, sich in die Leitung der Sangha einzumischen, und es hat

Gelehrte gegeben, die glaubten, sie hätten genug Autorität aus dem Studium erworben, um die spirituelle Autorität der Yogis verwerfen zu können. Wir haben also einerseits spirituelle Autorität, die aus tiefer persönlicher Erkenntnis stammt, und institutionelle spirituelle Autorität, die zum Beispiel einer bestimmten Person innerhalb einer Tradition verliehen wird. Letztere ist möglicherweise nur eine Position der Verantwortlichkeit, wie sie an jemand übertragen wird, der oder die genügend dafür ausgebildet ist, für die Tradition zu stehen und sie an andere weiterzugeben. Diese Position kann durchaus auch beinhalten, ein göttlich ernanntes Recht zu haben, Regeln für alle aufzustellen, die dieser Tradition folgen. Dies gilt für den Papst in der römisch-katholischen Kirche, nicht aber für den Dalai Lama im Buddhismus, obwohl viele Leute ihm fälschlicherweise dieselbe Rolle zusprechen. Obwohl es Institutionen im Buddhismus gibt, in denen so eine Art spiritueller Autorität das Sagen hat oder es zumindest danach aussieht, funktioniert das yogische Netzwerk ganz anders.

Man kann die Geschichte des Buddhismus als eine Geschichte der Spannungen zwischen institutionalisierten und yogischen Formen der Autorität sehen und als eine Geschichte der Versuche, diese zu lösen. Im Westen setzt sich das für uns heute fort.

Dazu kommt, dass in den Geschichten buddhistischer Heiliger das letzte Siegel hoher spiritueller Autorität oft nach der Erscheinung von Wundern verliehen wird. Und doch wissen alle in der Tradition, dass Wunder allein kein Beweis für Erleuchtung sind. Dieser ganze Bereich ist sehr faszinierend, im Rahmen dieses Artikels kann ich allerdings nicht näher darauf eingehen. Hier muss es genügen, zu erwähnen, dass es in der gesamten buddhistischen Geschichte und bis in die

Gegenwart Aufzeichnungen darüber gibt, wie Heilige übernatürliche Kräfte zur Schau stellen, z. B. Gedanken lesen, in die Zukunft sehen, Visionen, prophetische Träume, Heilkräfte, das Beherrschen der Elemente, das Beherrschen von Menschen und nichtmenschlichen Wesen, die Fähigkeit, den Zeitpunkt des eigenen Todes und die Umstände der nächsten Wiedergeburt frei zu wählen und anderes mehr. Wie viel spirituelle Autorität solche Kräfte einer Person verleihen und welche Autorität ihren Äußerungen, ihre Träumen und Visionen beizumessen ist, das ist eine komplexe Thematik. Hier müssen wir uns mit Andeutungen begnügen.

In allen buddhistischen Kulturen gehört es jedenfalls zu den grundlegenden Überzeugungen, dass es möglich ist, das Herz für die erwachte Sangha und ihre Gegenwart, ihre Kraft oder ihren Einflussbereich, so zu öffnen, dass man sie direkt erreichen kann und die Gebete erhört werden. Wenn Übende oder Yogis Zugang zu dieser Kraft bekommen, wird sie in einer Überlieferungslinie weitergegeben. Man kann sich spirituelle Autorität als Verbindung zu einer echten Übermittlung dieser Art vorstellen. Das erinnert daran, was die Suttas die ununterbrochene Tradition nennen, die, wie der Buddha sagt, echt oder falsch sein kann. Wenn neue oder wiederentdeckte Lehren in der Welt auftauchen, beginnt die Diskussion im yogischen Netzwerk darüber, ob man sie als etwas Authentisches und Verbindliches behandeln soll oder nicht. So eine Kraft kann auch aus heiligen Objekten, Orten und Menschen (sogar Kinder) fließen.[25] Man betrachtet sie gegebenenfalls als Quellen spiritueller Kraft, obwohl sie nicht im üblichen Sinne Leh-

---

[25] Siehe Dagyab Rinpoche, L. S., »Problems in the Developement of Tibetan Buddhism in the West«, *Tibetan Review* 27, Nr. 10 (1992): 15–17.

rende sind und bringt ihnen Ehrerbietung und Gaben dar, um sich mit dieser Kraft zu verbinden. Das ist zwar nicht dasselbe, wie sie als Quellen spiritueller Führung zu sehen, es ist aber auch nichts ganz anderes. Spirituelle Führung von einer Person anzunehmen, bedeutet, sich in den Wirkungskreis, den Einflussbereich ihrer spirituellen Kraft zu stellen.

Wir als westliche Buddhisten müssen vielerlei bedenken, wenn wir darüber beraten, wie die Echtheit der spirituellen Überlieferung zu schützen ist, die sich in den neu entstehenden Institutionen unter unserer Obhut verkörpert. Was die Entwicklung eines Netzwerks von Yogis und Yoginis im Westen angeht, die sich gegenseitig ihre Verwirklichungen bestätigen und dieses Wissen von einander weitersagen können, stehen wir noch ziemlich am Anfang. Wir müssen uns immer noch auf die Gültigkeitskontrolle und die Anleitung unserer Lehrer aus Asien verlassen, die sich aber oftmals durch ihre Einbindung in die Tradition sehr konservativ verhalten. Trotz alledem hat der Prozess im Westen schon begonnen, einander Echtheit zu bestätigen und Autorisierungen auszusprechen. Die Sanghas entwickeln sich unter der klaren Voraussetzung weiter, dass ihre westlichen Lehrer und Lehrerinnen die spirituelle Autorität besitzen, zu lehren und ihre Schülerinnen und Schüler anzuleiten.

Folgende Veröffentlichungen werden in dem Beitrag »Spirituelle Autorität. Eine buddhistische Perspektive« nicht ausdrücklich zitiert, sie haben aber das Denken der Autorin geformt. Einige dienen dazu, das Thema noch weiter zu illustrieren.

Karen Armstrong, *A History of God* (London: Heineman, 1993) auf deutsch erschienen unter: *Geschichte des Glaubens*, (Droemer Knaur, 1996) oder *Nah und schwer zu fassen der Gott* (Droemer Knaur, 1993)

Susan K. Hookham, *The Buddha Within: Tathagathagarbha Doctrine according to the Shentong Interpretation of the Ratnagotravibhaga* (Albany: State University of New York, 1991)

Peter Masefield, *Divine Revelation in Pali Buddhism* (London: George Allen and Unwin, 1986)

Dharmacari Nagapryia, »Knowledge and Truth in Early Buddhism: An Examination of the Kaalaama Sutta and Related Paali Canonical Texts«, *Western Buddhist Review* 3 (2001), im Netz zu lesen unter: https://www.westernbuddhistreview.com/archive

Gregory Palamas (trans. Nicholas Gendle), *The Triads* (Mahwah, NJ: Paulist Press, 1982)

Joaquin Perez-Remon, *Self and Non-Self in Early Buddhism* (The Hague: Mouton, 1980)

ANHANG

Lama Shenpens Biografie

Seit über 45 Jahren praktiziert Lama Shenpen Hookham Meditation und studiert die buddhistischen Lehren. Sie lehrt seit mehr als drei Jahrzehnten. In den frühen siebziger Jahren ging sie nach Indien und wurde dort von Bokar Rinpoche ausgebildet. Sechs Jahre lebte sie als Nonne der tibetisch buddhistischen Tradition. 1978 kam sie auf Wunsch des Karmapa nach Europa zurück. Zunächst arbeitete sie als Übersetzerin, unter anderem auch für Gendün Rinpoche, bis sie ihrem Lehrer Khenpo Tsültrim Gyamtso Rinpoche begegnete. Auch heute noch ist sie dessen enge Schülerin.

1982 heiratete sie den britischen Dzogchen-Lehrer Rigdzin Shikpo und baute mit ihm die ›Longchen Foundation‹ auf. In dieser Zeit promovierte sie an der Universität von Oxford über die Lehren der Buddha-Natur des Mahayana-Buddhismus. Ihre innovative Studie ist unter dem Titel *The Buddha Within* weiterhin als Buch erhältlich.

Um die Jahrtausendwende begann sich eine eigene Schülerschar um Lama Shenpen als Lehrerin zu sammeln, die ›Awakened Heart Sangha‹. Alles in allem hat sie mehr als neun Jahre im meditativen Rückzug verbracht und lebt jetzt in ihrem Retreat-Zentrum ›The Hermitage‹ in Nord-Wales, nahe dem Snowdon. In der ›Hermitage‹ lebt eine kleine Gemeinschaft, die Awakened Heart Sangha hält dort auch ihre Kurse ab, und es gibt die Möglichkeit, sich für individuelle Retreat-Aufenthalte einzumieten. 2011 wurde vor dem Haus eine kleine elegante Stupa errichtet und ein ›memorial garden‹ zur Erinnerung an Verstorbene angelegt.

Mehr Informationen über Lama Shenpen, ihre Belehrungen und die Angebote der Awakened Heart Sangha unter https://ahs.org.uk und https://buddhawithin.org.uk/

Adresse Hermitage of the Awakened Heart
Ynys Graianog, Ynys, Criccieth
Gwynnedd, LL52 0NT
0044 1766 530839
hermitage@ahs.org.uk
info@ahs.org.uk

Training ›Unterwegs ins Herz der Dinge‹ als begleitetes Dharma-Selbststudium (Deutsch) – wie und wo

Seit 2017 bietet Herz der Dinge e. V. das von Lama Shenpen Hookham entwickelte Training ›Unterwegs ins Herz der Dinge‹ als begleitetes Dharma-Selbststudium in Deutsch an. Was ist begleitetes Selbststudium? Es ist Lernen und Üben im eigenen Tempo kombiniert mit Begleitung durch erfahrenere Praktizierende, Austausch, Wochenend- oder Online-Kurse und Retreat.

Der Kurs ist ein Weg in das Dharma, der von den eigenen (Alltags-)Erfahrungen ausgeht, sich entfaltet und immer wieder auf sie zurück bezieht. Er baut eine Brücke zwischen der traditionellen Weise das Dharma zu vermitteln und unserer westlichen Art zu denken. Der Weg ist eine Forschungsreise, auf der wir unsere Erfahrung erforschen und lernen, unser wahres Wesen zu erkennen und uns dort hinein zu entspannen.

Sieben Themen führen zu einem tieferen und einfacheren Verstehen der buddhistischen Sichtweise. Zentral dabei sind Vertrauen, Herzenswunsch und die drei Qualitäten offen, klar und feinfühlig. Diese drei Aspekte der Wirklichkeit sind eine Möglichkeit, unser wahres Wesen zu beschreiben. Der Buddhismus nennt diese wahre Natur auch Buddha Natur oder das erwachte Herz. Wie können wir Offenheit, Klarheit und Feinfühligkeit in unserem Leben erfahren, wie uns damit verbinden?

Es ist einfacher, als man denkt. Gerade das macht es für uns jedoch eher schwierig, denn wir übersehen meist, was uns in jedem Moment unseres Lebens auf sie hinweist. Das Training ›Unterwegs ins Herz der Dinge‹ zeigt, wie wir diese Qualitäten in uns entdecken und auf sie vertrauen lernen können.

Der Kurs ist ein umfassendes Training von Herz und Geist in buddhistischer Lehre, Reflexion und Meditation und ermöglicht eine solide Basis für eine lebenslange tiefe spirituelle Praxis, ein spiralförmiges Lernen.

Ein Einstieg ist jederzeit möglich, alles Weitere gerne auf Nachfrage unter:

herz-der-dinge@posteo.de
www.Herz-der-Dinge.de

Weitere Veröffentlichungen
von Lama Shenpen

The Guru Principle, Shambhala Publications, 2021
Keeping the Dalai Lama Waiting & other stories, Shrimala
   Publishing, 2020
Beim Sterben geht es um mehr als den Tod, Theseus, 2007
There is more to Death than Dying. Wisdombooks, 2006
*The Buddha Within, Tathagathagarbha Doctrine according
   to the Shentong Interpretation of the Ratnagotravibhaga,*
   Sri Satguru, 1991